いちばん大切なのに
誰も教えてくれない
段取りの教科書

good design company代表
水野 学

ダイヤモンド社

「相鉄ブランドアッププロジェクト」

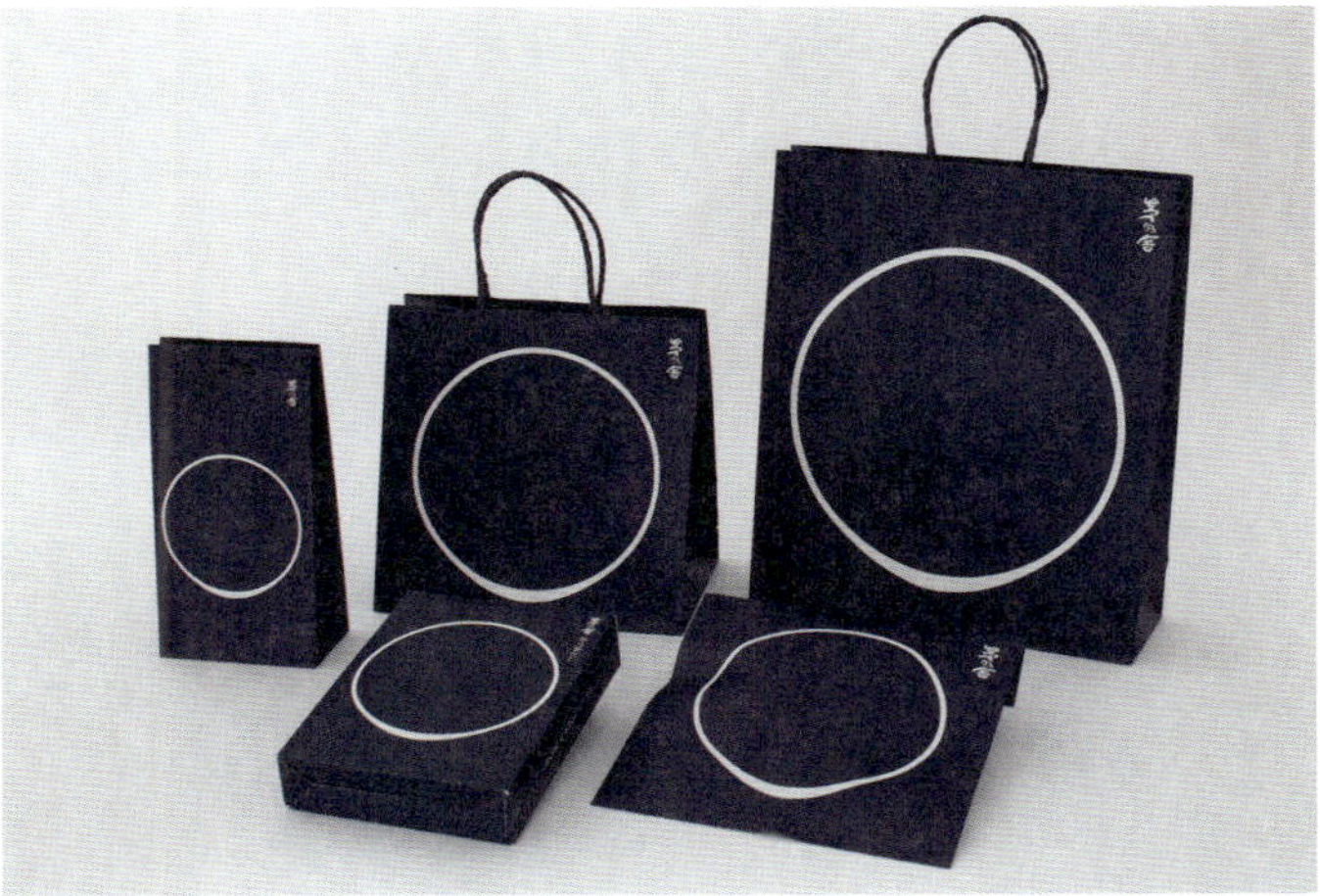

「茅乃舎」

熊本県公式キャラクター「くまモン」©2010 熊本県くまモン

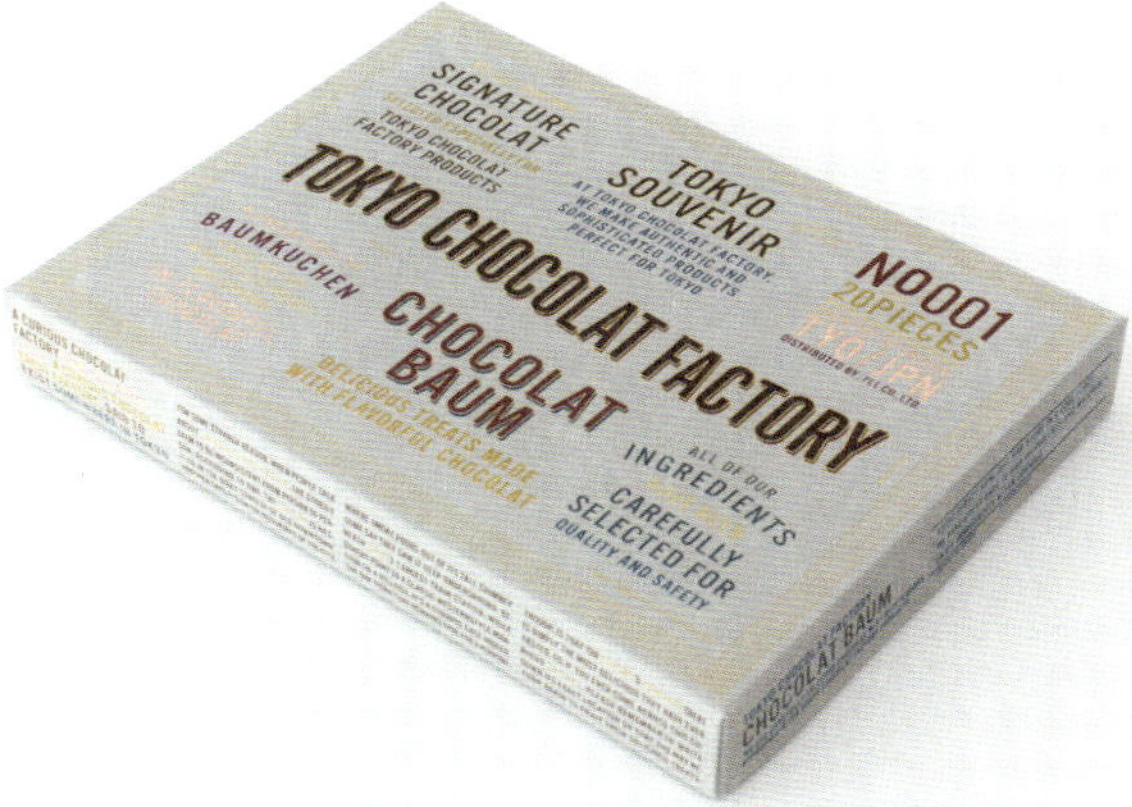

「TOKYO CHOCOLAT FACTORY」

はじめに　いちばん大切なことなのに「段取りの教科書」がない

「仕事が遅い」
「段取りが悪い」
「チームがまとまらない」

もしあなたがそんなお悩みをおもちなら、この本は役に立つはずです。

ぼくは「クリエイティブディレクター」という仕事をしています。かんたんに言えば「企業や商品のブランディングをデザインでサポートする仕事」でしょうか。

これまで、中川政七商店、くまモンを生み出した「くまもとサプライズ」、イオンの「ホームコーディ（HÔME CÔORDY）」、相鉄グループや茅乃舎《かやのや》のブランディングなど、さまざまなプロジェクトをお手伝いさせていただきました。

仕事はかなり多いほうだと思います。おかげさまで、多くのご依頼をいただきますし、今でも**同時に何十件も仕事が並行して進んでいます。**

また、プロジェクトごとに、関わる人の職種や業種、立場もさまざまです。役所、飲食、アパレル、鉄道、雑貨、家具、いろんな世界の仕事をしています。

これだけ多くの仕事を日々進め、ありとあらゆる関係者とコミュニケーションをとりますが、ぼく自身にストレスはありません。仕事はスムーズにどんどん進んでいきますし、チームも円滑に動いています。

それはなぜか？

決して、ぼくがワンマンで勝手気ままに動いているからではありません。そんなことをしたら、すぐに仕事は崩壊してしまいます。

ストレスなく仕事が順調に進むのは、きちんと「段取り」をしているからです。

「段取り」という言葉は少し古くさいかもしれません。それでも、仕事においてとても大切なことです。仕事の目的を定め、きちんと計画し、あらゆる突発的なことも先回りしながら、時間どおりに実現させる。

段取りがなければ、いつもバタバタして、日々トラブルが起き、プロジェクトは糸の切れた凧のようにどこに飛んでいくかわかりません。

段取りは、仕事の「超基本」です。

しかし、なぜか「段取りはこうするんだよ」と学校でも会社でも教えてくれません。ならば「段取りの教科書」をつくろう、と思ったのがこの本を書きはじめたきっかけになりました。

「段取り」とは「ルーティン化する」ということ

本編で詳しくご紹介しますが、ぼくが大切にしているのは「ルーティン化」です。

どんな仕事もぜんぶ「同じ」だと思っているのです。

「いやいや、文房具のデザインと服のデザインだとぜんぜん違うじゃないか」

「鉄道のブランディングとロゴの作成だとさすがに違うでしょう」

そんな声も聞こえてきそうですが、どんなに異なるプロジェクトであっても、ベースはほぼ同じです。表面上は違って見えても、仕事の骨格、本質はすべて同じだと考えています。

肩書に「クリエイティブ」という言葉が入っているので誤解されるのですが、ぼくは毎日が新しいことの連続だなんて思ってはいません。実は**「新しいこと」なんてそうそう起きない**のです。もちろん突発的なことは起きますが、それも想定内です。


あらゆることを「ルーティン」にしていれば、毎日が平穏に進みます。目の前のやるべきことを淡々とこなしていくだけだから、仕事もどんどん進みます。

「そんなやっつけ仕事のように進めているのか?」

という声も聞こえてきそうですが、違います。むしろ逆です。毎回の仕事をルーティンで進めるからこそ「よりいいもの」「よりおもしろいアイデア」が生まれるのです。

「段取り」とは「ルーティン化」と言い換えることもできるかもしれません。

段取りによって仕事をルーティン化し、ベースをきちんとしておくことで、仕事のアウトプットのレベルが上がるのです。


逆に段取りをしていなければ、毎回が「新しいこと」なので、現場は混乱します。頭の中も整理されていないし、正解が何かもわからないので、仕事は出たとこ勝負。それこそ「やっつけ」になってしまいます。

段取りをきちんとするからこそ、仕事のベースを固めることができる。だから、よりいい仕事ができるようになるのです。

仕事を「やりとげる」ために段取りをしよう

もうひとつ、段取りをする理由は、仕事を「やりとげる」ためです。

クリエイティブディレクターという仕事は、アイデアを出しただけで認めてもらえる仕事ではありません。きちんとかたちにして、世に出すところまでが仕事です。そのときにきちんと段取りができていれば、途中で頓挫したり、空中分解したりするようなことはありません。

独立して自分で会社をはじめてからは、特に「やりとげる」ことへの責任感が芽生えました。**どんなにいいアイデアでも、どんなに素敵なデザインでも、かたちにして世に出さ**

なければ意味がない。当然、お金にもならない。「やりとげる」ということはとても大切なことなのです。

やるべきことに漏れがないか。目標に的確にアプローチする手を打っているか。そして、やるべきことをタイムスケジュールにあわせてきっちりと詰めて、実行できるか。

こうした「段取り」があってこそ最後までやりとげることができるし、ようやく「仕事をした」となります。

プロジェクトを「はじめる」ことはできても、最後まで「やりとげる」力のある人は案外少ないのではないでしょうか？　段取りを行なうことで、その他大勢の人と差をつけることができるはずです。

めんどうくさがりやこそ「段取り」をしよう

「どんな仕事であっても段取りをする」というと、几帳面な人だと思われるかもしれません。しかし、ぼくはとてもめんどうくさがりです。

めんどうくさがりなのに、なぜ段取りをわざわざするのか？　それは、**段取りをしたほうが「結果的にめんどうくさくないから」**です。

「あー、いちいち段取りを考えるのがめんどうくさい。思いつくままにやろう」と仕事をはじめたら、効率は間違いなく下がります。人を巻き込むことができないので、質が高いものをつくれる可能性も低いでしょう。意思疎通ができず、チームがバラバラなので、確認ややり直しも増えていきます。

めんどうくさがりやは、手間と時間をかけることを嫌いますが、段取りをしないと無駄な作業が増えて、そのぶん時間もかかります。

「無駄なことが嫌い。時間がかかるのも嫌い。でも期日までに質の高い仕事をしたい」

あなたがもし、ぼくと同じように「虫のいい」望みを抱いているなら、段取りのエキスパートになる素質があります。めんどうくさがりやほど、段取りをする必要がありますし、段取りが欠かせないはずだからです。

段取りの大切さが少しはわかってもらえたでしょうか?
それではさっそく、具体的な段取りについての話を進めていきましょう。

いちばん大切なのに誰も教えてくれない段取りの教科書

目次

CHAPTER 1 段取りは「目的地」を決めるところから

1 プロジェクトのゴールをイメージする 14

2 ゴールを「ビジュアル」で共有しよう 25

3 想像の範囲を100年後まで広げよう 35

4 「ターゲット」の解像度を極限まで上げよう 48

CHAPTER 2

最高の段取りをするために「目的地までの地図」を描こう

1 すべての仕事は「ルーティン」である 60
2 「ルーティン」が余裕を生み、仕事の質も上がる 70
3 コンセプトはプロジェクトの「警察」である 85
4 まず「知ること」からすべてははじまる 96

CHAPTER 3

目的地まで最短距離で進もう —— 時間と効率化の話

1 すべてにおいて時間は「王さま」 118
2 「締め切りが完成」である 125
3 仕事が入る「時間ボックス」を用意する 135

4 「つらい仕事か、楽しい仕事か」は考えない 142
5 スケジュールが破綻しないために 148

CHAPTER 4
脳内に「空白をつくる」ために段取りをしよう
1 段取りが大切であるほんとうの理由 160
2 なるべく「ボール」をもたないようにする 168
3 生産性をマックスにするための打ち合わせ 177

CHAPTER 5
目的地までチームで動こう
1 「チーム」を超えて「仲間関係」をつくろう 184

2 チーム全体で同じ方向を向くために 193
3 本音のコミュニケーションがチームを円滑にする 198
4 段取りをスムーズにするリーダーのひと工夫 203
おわりに 212

CHAPTER 1

段取りは「目的地」を決めるところから

1

プロジェクトの
ゴールを
イメージする

その仕事の「目的地」は決まっているか

「段取り」について考えるうえで「仕事」について考えてみます。

「仕事」を分解すると大きく3つに分けられます。

①目的地を決める
②目的地までの地図を描く
③目的地まで歩く

この3つです。

ふつうは③の「目的地まで歩く」ときの最適な手順を「段取り」と呼ぶことが多いでしょう。でも、そもそも①や②ができていないからうまくいかない、という場合が多くあります。

目的地があいまいなまま歩みだすのは、いきなり登山をはじめることと同じです。

山に登っている途中に「あれ？　いったいどの山に登るんだったっけ？」では困ります。

「気づいたら違う山に登っていました」では話になりません。

まずは「正しい目的地」を定めることがなによりも大切です。

仕事には「明確なゴール」がとても重要で、それを「きちんとイメージできているかどうか」が仕事の成否を分けるのです。


では、目的地を決めるためにはどうすればいいのでしょうか?

ぼくは、**大切なのは「想像することだ」**と答えています。それもただぼんやり想像するのではなく、ビジュアルで、リアルに想像することが大切です。

ロゴをつくることが「目的地」なのか?

「くまモン」の例でお話ししましょう。

熊本県は、県のアドバイザーである小山薫堂さんに熊本のPRを相談しました。薫堂さんは、2011年に九州新幹線の鹿児島ルートが全線開通するのに合わせて「熊本のいいところを世の中に発信しよう」というキャンペーンを提案します。それが、市民を巻き込んで、熊本のワクワクやドキドキを発信していく「くまもとサプライズ」というプロジェクトでした。

「熊本のこんなところがすごいよ！」というネタを集め、おみやげや特産品に「くまもとサプライズ」のロゴのシールを貼って盛り上げていこう、というものでした。

ぼくへの依頼は、その「くまもとサプライズ」のロゴのデザインでした。

薫堂さんの説明を聞き、資料に目をとおしました。ただ、ちょっと引っかかることがありました。「ウェブサイトやロゴをつくるだけ、ちゃんと盛り上がるかな？」ということです。

そんな疑問を抱きつつも、まずはロゴを完成させました。

ただ、もうすぐプレゼンという段階になっても「くまもとサプライズを効果的に広める手段はないかなあ……」とモヤモヤしていたのです。

「ほんとうにうまくいくか」を疑う

ぼくはいつも、**プロジェクトの完成形をビジュアルでリアルに想像**します。

おみやげ屋さんの売り場で、箱がいっぱいあって、そこに「くまもとサプライズ」のシールが貼ってある。そこに自分がいてどう思うだろうか……。八百屋さんの軒先にメロンやスイカ、トマトなどが並んでいる。そこに「くまもとサプライズ」のロゴのシールが貼ってある。ぼくはそこで「ああ、熊本か、じゃあ買おう」と思うだろうか？

「大間のマグロ」など、地域が明確なブランドになっていれば買うかもしれません。しかし、「熊本のスイカ」と言われても、ピンとこないかもしれません。

ならば、このスイカやメロンを両手にもって「熊本いいよ！　熊本の食べものはおいしいよ！」と言われたほうがいいな、と思ったのです。**シールを貼るよりも、宣伝マンがいたほうがいいのではないか。**

「そんなことをやっている人って誰だろう？」

そこで思い出したのが東国原英夫さんでした。

当時は、東国原知事が宮崎県の宣伝隊長として活躍していました。熊本にも東国原さんのような存在がいるといい。ただ、適任の「人物」は思い浮かばなかった。そこでキャラクターをつくろう、と思いたったのです。

キャラクターがバーンと前に出て「熊本ってこんなにいいよ！」と宣伝したほうが盛り上がるんじゃないか。そのほうが人の目にとまると直感したのです。
熊本だから、やはりクマがわかりやすいなと考え、家でパジャマのまま、Ｍａｃに向かい、クマのキャラクターを描きました。すぐにそれをスタッフに送って、そこからパターン検証をし、プレゼンにもっていったのです。

このように、このプロジェクトではそもそも「キャラクターをつくってほしい」という依頼があったわけではありませんでした。企画当初は、くまモンなんて影も形もなかった。でも、プロジェクトの最終形を想像したら、ロゴのシールがただ貼ってあるよりも、くまモンが「熊本、こんなにいいよ！」と宣伝しているほうが盛り上がると思ったのです。

ぼくは、つねに自分を疑います。
「ほんとうにそうかな？」「もっといいやり方はないかな？」などと疑う。そこで有効なのがこの「ビジュアルでリアルに想像する」ということなのです。

「発想のチャンネル」を替える

ゴールをイメージするとき、つまり答えを出すときに、人はその道筋は一本だと思いがちです。だから一歩一歩ゴールに近づこうとする。

しかし、世の中には飛行機もあれば新幹線もあるわけです。もしかしたら「どこでもドア」もあるかもしれない。

答えまで最短距離でたどりつくことをあきらめてはいけません。

先日、「農場に集客してビジネスができないか」という計画を検討することがありました。農場で乳搾り体験をしたり、野菜を採ったりして、みんなに楽しんでもらえないか、というものです。

ふつうの段取りだと、「じゃあ、どういう農場にしようか？　どういうデザインをしたら人は来てくれるだろうか？」などと考えるでしょう。

ただ、ぼくがそれを聞いた瞬間、直感したのは「農場だと人を集めるのは難しいかも」ということでした。

「農場体験」というのはよく聞くけれど、一度行けば飽きてしまいます。**「農場に人が来る」というのはそもそも幻想なんじゃないか、**と思ったのです。

仮に農場に行くとしても毎週毎週行くようなイメージはできません。一時期は話題になっても、ただの「流行り」で終わってしまっては意味がないのです。継続的に農場に来てもらえなければいけない。

そこでこう考えました。

「逆に、毎週毎週行くところってどこだろう……？」

出てきた答えは「公園」でした。

同じビジネスをやるにしても「公園」と言ったほうが人は来るのではないか。それがぼくの出した仮説でした。

公園なのに牛がいる。公園なのにキャベツを収穫できる。公園なのにパン屋さんがある。そんな公園があったら、すごく楽しいのではないかと、思ったのです。ニューヨークのセントラルパークだって、レストランが隣接していて人が集まっています。「農場」ではなく「公園」として打ち出すだけで盛り上がると考えたのです。

ぼくは依頼を受けたときに、まず疑うところからはじめます。99％疑う。それは、もう「クセ」なのです。この案件でも、まず疑ったことで「農場」から「公園」というチャンネルに替えることができました。

一見、「アイデアの出し方」のような話ですが、こうしたことも仕事を早く進めることにすごく役立ちます。

多くの人は答えにたどりつくまでに時間がかかって、段取りが悪くなっている。徒歩ではなく、飛行機や新幹線でゴールに到着するようなアイデアが出せると、スピードはぐんと加速するのです。

「お客さんが何と言っているか」想像せよ

では、どうすれば「発想のチャンネルを切り替える」ことができるのでしょうか？

ぼくが「農場ビジネスをしたい」と聞いたときに頭に思い描いたのは、ぼくがベビーカーを押して「△△農場」に行っている場面でした。

その場面をリアルに想像したときに「農場にベビーカーを押してまで行きたくないな」と思ってしまったのです。

人はみんな「自分がどういう暮らしをしているか」「どういうところに遊びに行くか」ということを大切にします。住むところひとつとっても「湘南エリアに住んでいる」とか「横浜に住んでいる」といったことが重要になる。

ようするにみんな「自分の株価を上げる」ことに神経を集中させているのです。流行りの「インスタ（インスタグラム）」もその延長線上にあるものでしょう。だから**「ベビーカーを押してどこに行くか」ということはすごく大事**なのです。

早くいい答えを出すには、完成を全力で想像すること。そして「完成したものを見ている人」のことを考えるのです。つまりは消費者、お客さんになりきる。

そのプロジェクトの完成を見て「誰が」「どうよろこんで」「なんて言っているのか」「ど

ういう表情をしているのか」といったことを映画のように想像する。そうすれば、自然と答えに近づいていけるはずです。

2

ゴールを「ビジュアル」で共有しよう

「画像検索」を使ってビジュアルでイメージする

どんなに仕事を早くする段取りを組んでも、そもそもの目的地が間違っていては、元も子もありません。

だからこそ、ゴールをイメージし、正しい目的地を定めることが大切なのです。

ぼくは、ゴールのイメージをつくるうえで「グーグルの画像検索」をよくします。

たとえば「公園」をつくるプロジェクトがあったとしたら、まずはグーグルで「きれい公園」といったキーワードで画像検索をする。すると、画像がバーッとたくさん出てきます。この中で気になるものをピックアップしていくのです。「緑に囲まれている公園がいいな」「藤棚があるような和の公園がいいな」といった具合です。

ゴールのイメージは「言葉」で表現してもいいのですが、ただ「公園」というだけでは精度が低くなってしまいます。

画像には、言葉にするとものすごい量になる情報が詰まっています。

たとえば「まだ明るさの残る夜、桜がライトアップされていて、赤い橋があり、左手前から右奥に向かって、川がある。ライトアップされていない部分は岩です」、こう説明してもピンとこないでしょうが、写真を見れば一発でわかります。

よって、**まず完成形のイメージを「画像で、ビジュアルで」探してみる。**「自分はどんなことがやりたいのか」を言葉にするだけではあいまいになってしまうのです。

「『ビジュアル化』なんてデザイナーの仕事なのではないか?」という声もありそうですが、完成形のビジュアルをイメージすることで、今の仕事の「ステップ数」も見えてきます。また、どれくらいの難易度なのか。どれくらいのスピードで進むべきなのか。予算はどれくらいか。そういうさまざまなことが見えるきっかけになる。

「まず画像検索をする」というのは、デザイン関係の仕事でなくても、あらゆるプロジェクトに応用可能なのだと思います。

ちなみに画像検索をすると「イメージが固まりすぎてしまう」恐れはないのでしょうか。

ぼくは、もしイメージが固まってしまうのだとしたら、それは「合っている」ということなのだと思います。**イメージがピッタリくるなら、まずはそれで固めていい。**

あとから提案を受けたり、指示があったりしたら、それもやってみればいいのです。アイデアは2つになるかもしれませんが、それで構いません。

アイデアは**「広げる」と「絞る」の2段階**があります。

目的地を決めるにあたっては、まず「広げる」ことが必要です。

地図を広げるイメージで「あっちのほうがいいかな」「こっちのほうがいいかな」と探ってみる。たとえるなら「アメリカかな？　ヨーロッパかな？」という感じです。そこで大体の行き先が決まったら、次に絞っていきます。より詳細に「ロンドンだな」とか「ニューヨークだな」というように絞っていく。

目的地がもし2か所になるのなら、両方の道を歩いていけばいいのです。

「完成形のイメージ」を決める

よく「コンセプトから考えよう」などといわれます。もちろんコンセプトがかんたんに決まるときはそれでいいのですが、決まらないときは「完成形のイメージ」から考えるとスムーズです。

ぼくらがデザインした「東京ショコラファクトリー（TOKYO CHOCOLAT FACTORY）」という東京みやげがあります。

このデザインを作成するにあたっても、まず**画像検索による「資料集め」**から行ないました。

まずはチョコレートのお菓子なので、チョコレートの画像を集めていきました。途中で「ウイスキーの『ジャックダニエル』のパッケージ感がいいな、チョコレートっぽくておいしそうだな」と思ったので、それに近いイメージのものも集めました。

この段階でいきなりラフをつくります。すると、すごくシンプルでカッコいいデザインができあがりました。男っぽい感じの「ゴディバ」や「ジャックダニエル」のような方向性で一度固まったのです。

しかしそのあと、妻であるプロデューサーが「私はそれは買わない」と言い出しました。「もっとかわいくすれば？」と言うのです。ぼくも含めてスタッフみんなで「えーっ？　マジっすか！」となったのですが、そのおかげで別の方向もやってみようとなりました。

もうひとつ、ぼくの頭の中にあったのが「架空のチョコレート工場」のイメージでした。「架空のチョコレート工場があったとしたらどんなところだろう？」と想像し、イメージに近そうな「アメリカの遊園地」を画像検索しました。「コニー・アイランド」や「フロリダのディズニー・ワールド」の裸電球がいっぱいぶら下がっているようなイメージを探っていきました。

ちなみに包装紙は「チケット」をイメージしました。おみやげのコンセプトは「チョコレート工場」だけれど、そのチョコレート工場は遊園地みたいな場所です。そこで包装紙を「チョコレートファクトリーへ行くためのチケット」がいっぱい貼ってあるイメージにしたのです。

このプロジェクトはどうなったら成功か？

ところで、そもそもこの「東京ショコラファクトリー」のプロジェクトは、どうなれば

「成功」なのでしょうか？

つまり、今回の「目標」は何なのか？

デザインなどに気をとられ、そこをきちんと把握していないケースもよくあります。試しにスタッフに聞いてみると「クライアントが目標としている販売数量とか金額とかを満たすことができたら成功だと思います」という答えが返ってきました。ぼくは「そうじゃないよ」と言いました。

販売数量や金額を満たすのは「目標」ではなく「結果」です。

ビジネスの場では、結果のことを目標と勘違いする傾向があるのです。

このプロジェクトの場合は「東京で一番のおみやげになること」。それが「目標」だとぼくは考えました。

ぼくは東京に住んでいますが「東京のおみやげ」と言ったときに、ちょうどいいものがあまりないなと感じていました。今回デザインすることになったお菓子は、バウムクーヘンにチョコレートのコーティングをしたもので、こういったお菓子なら、たいていの人は嫌いではありません。しかもデザインもよければ「最高の東京みやげ」になるんじゃないか、と思ったのです。

さらには、この「東京ショコラファクトリー」が売れると東京のイメージもよくなるんじゃないか。それは0・001ミリかもしれないけれど、きっとプラスになるはずです。よって「どうなったら成功か?」といえば、そこが成功なのではないかと思ったのです。

「デザインをどうするか」「パッケージをどうするか」以前に「どうなったら成功なのか」をきちんと把握し、共有しておくことは仕事を進めるうえでとても大切です。

「なぜそうなるのか」をロジカルに説明できるようにする

デザイナー、クリエイティブディレクターというと、直感やセンスでものごとを決めるイメージがあるかもしれません。

「なぜこのデザインなのですか?」と聞いても「いや、これはこういうものなんです」などと答えるイメージをもっている人も多いでしょう。

ぼくは「なぜ、このデザインになったのか?」を明確に、ロジカルに説明できるようにしています。

「東京ショコラファクトリー」でいえば、こんな具合です。

「最高の東京みやげ」をつくるにあたって、まず「東京」について考えました。

東京のイメージは3つに分かれます。

ひとつは昭和30年代の「ALWAYS 三丁目の夕日」のような過去のイメージ。2つめはクリーンな高層ビルと雑多な新宿ゴールデン街のミックスのような現在のイメージ。3つめは「ブレードランナー」みたいな近未来都市の未来のイメージです。

次に、この3つのうち「おいしそうなイメージ」といえば、過去・現在・未来の中で、どれだろうと考えました。

このあいだ新横浜のラーメン博物館に行ったのですが、ノスタルジックな雰囲気で「チャルメラ」を思い出しました。懐かしくて食欲がそそられたのです。ラーメン屋さんも、すごくきれいなお店より、ちょっとさびれているお店のほうがおいしそうだったりします。

そうすると**「過去」っておいしそうなイメージがあるな、**と気づいたのです。

「東京の過去」のイメージを探っているなかで出てきたのが「工場」のイメージでした。

「工場があって、チョコレート……」というところから映画『チャーリーとチョコレート工場』につながります。そこで、この「東京ショコラファクトリー」というネーミングとコンセプトが生まれたというわけです。

一見、感覚的に生まれたようなものでも「なぜこのネーミングなのか?」「なぜこのビジュアルなのか?」は説明できるようにしています。そうすることで、クライアントさんも納得しやすいし、正解にたどりつきやすいのです。

ぼくが「このほうがいいと思う」ということには、かならず理由があります。

最終のイメージはビジュアルで考えつつも、そこに行きつくところまでは説明ができるようにしておく。そこが大切だと思っています。

3

想像の範囲を100年後まで広げよう

どれだけ事前に「想像」できるかが勝負

仕事をはじめるときに、どれだけ最終のかたちを想像できるか。それが仕事の成否を分けます。それもぼんやりと考えるのではなく、なるべく詳細に、なるべく範囲を広げて想像するのです。

たとえばの話ですが、「あのモミの木を切ってくれ」という依頼があったとしましょう。通常は「どうやって切りましょう?」「どれくらいのスケジュールでしょうか?」という話からはじまります。

しかしぼくは**「この木を切って問題がないのか?」**と考えます。

目の前の人は「切れ」と言っているけれども、ほんとうに切っていいかどうかを、かならず考えるのです。もしも保護林であれば「切れと言われたから切った」ではすまされません。いくら森の管理人に「大丈夫ですよ」と言われても、特別な許可が出ているかどうか、自分自身で調べたほうがいいケースもあります。

クライアントからの依頼であっても、信頼している仕事仲間からの依頼であっても、法律や差別問題といった最低限のルールに抵触しないかどうかを疑い、想像する。想像して、できることならしっかりと確認します。

「会社の命令だから」「上司が言ったから」という根拠だけで、疑いもせず指示どおりに動いたとしても、大丈夫な場合が95％でしょう。しかし、残り5％で足をすくわれる時代だからこそ、まずは疑《うたぐ》り深くなっておく。**あえてちょっとネガティブな想像もしたほうがいい**と、ぼくは感じています。

幸い、インターネットなどで調べる方法も整備されているので、ここはきちんとおさえておきたいところです。

ほんとうにその必要はあるのか？

次に考えるのが**「この木を切る必要がほんとうにあるのか？」**ということです。

「このモミの木を切ることが必要だし、ベストだ」という前提で、ぼくに「木を切ってほしい」という依頼がくる。だから切るのはあたりまえ。そう考えがちですが、もう少し想像力を働かせて、その「あたりまえ」を疑ってみるのです。

「森を明るくしたい」という意図で森の管理人は「モミの木を切って」と言ってきたのかもしれません。しかし、モミの木を切らずに明るくする方法もあるかもしれません。あるいは、モミの木ではなくスギの木を切ったほうがいいかもしれない。

目的を考えず、ただ依頼にそのまま応えていたら、最高の結果は出ません。ぼくはこれがどうやらクセになっているらしいのです。

組織に属していても、「この指示がほんとうに必要で、ベストか？　他のやり方のほうが目的にかなっているのではないか」と想像してみる習慣をつけておくといいでしょう。

プロジェクト完了の「その後」まで想像する

もうひとつ、**「この木を切ったらどうなるか？」**という「その先」を想像することも大切にしています。

どんなものごとも、関係性のバランスのなかにあります。

そのモミの木を切ることで、森の生態系が変わるかもしれない。そのモミの木(の下)は、もしかしたら森に長らく棲《す》んでいる鹿たちの大事な寝床で、居場所を失った鹿が途方に暮れて農作物を荒らすかもしれない。そんなイメージを働かせることも大切です。

これはあらゆる仕事に当てはまります。

その仕事をしたことによるまわりへの影響は、間接的なものであってもかならずあります。いい影響もあれば、悪い影響もある。いくら売れても生産過程で環境に悪影響を及ぼすものは、つくるべきではありません。「その後まで想像する」というのは「その仕事で起こりうる最大のトラブル」へのリスクヘッジともいえるでしょう。

ぼくはさらに想像します。

「このモミの木を切り倒したとき、どの方向に倒れるか?」

たとえば西方向に倒れたら、そこの地面に生えているおいしいキノコがだめになってしまうかもしれません。

このように、「自分たちの新商品が出たら、他部署の類似商品とシェアを食い合うことにならないかな？」なども想像するのです。これは直接的な影響を想像するということ。逆にいい影響が出てくる場合もあります。

これらの想像と関係なく、ぼくは直感的に「これはヤバいんじゃないか」と感じたら、理由なく、いったんストップすると決めています。仕事に着手するのは、自分でちゃんと納得できたときです。

これらの想像を省略したら、いい仕事はできないでしょう。

商品やプロジェクトの「寿命」を想像する

ぼくは今、相模鉄道（以下、相鉄）のリブランディングのプロジェクトに携わっています。横浜を走る鉄道、相鉄が１００周年を超えてなお、さらに愛されるものになるためにブランディングしなおすプロジェクトです。

これは、とても寿命の長いプロジェクトです。

「時代によってよさが変わってしまうかもしれないものは、極力避けよう」

「100年後も、よさが変わらないものをつくろう」

そう考えました。

そのうえでどのような提案がふさわしいかを考えると、「とてもオーソドックスなもの」という全体像が浮かび上がってきました。

デザインというと、珍しかったりおもしろかったりするほうが、いかにも「らしく」て受け入れられやすいものです。逆に、ごくふつうで、堅実で、シンプルな提案だと「別にデザインなんかされていないじゃない?」と言われることが多い。

しかし、100年スパンで想像すると、「珍しいものは飽きられる」という答えは、はっきりと見えていました。

・古くならない、醸成するデザイン
・普遍的な色、素材
・100年たっても色あせないもの

こんなキーワードをもとに出てきた相鉄のデザインコンセプトは、「安全×安心×エレガント」でした。

安全、安心は普遍の価値であり、鉄道の責務。デザインも、それをあらわすものでなければなりません。そのうえで、横浜という街をつくった鉄道ゆえの上質感、優雅さを表現したいと思ったのです。

相鉄に限らず、ぼくが携わるプロジェクトはすべて「どれくらいの寿命になるか」を想像します。

数日でその役目を終えるイベントなのか？　次の世代にも愛されるようなものにするのか？　ついプロジェクトが終わったときが寿命であるかのように考えがちですが、**「さらにその先にどうなるのか」をきちんと想像する**ことが、プロジェクトを成功させる秘訣なのだと思います。

長い時間をかけて、ゆっくり変えていく

相鉄の場合は、最終的に「ブランディングデザインは、100年スパンのプロジェクト」としたのですが、これにはもうひとつ制約上の理由もありました。

鉄道は建物とは違い「工事中です。ご迷惑をおかけします」と何ヶ月も何年も閉鎖することはできません。

駅や電車は通電している箇所が多く、工事の安全性を考えれば無理はできません。電車はまた365日走り続けているので、工事ができる時間はとても限られています。相鉄は24時間運行しているわけではありませんが、終電が出たあとも貨物列車が通過したり、整備をしたり、試運転をしたりするのです。

夜中に作業ができても、始発は定刻どおりに走らせなければならない。仮にホームの一部を工事で取り壊したとしても、朝にはいったん復旧する作業が不可欠です。

つまり作業は、スムーズかつスピーディになんか進まないということ。ほんとうに少しず

つ少しずつ、短い作業時間を最大限に活用しながら、たくさんの工事や作業をやっていかなければならないのです。

「やるべきこと」が多いのに、時間は足りない。大勢の人が関わっているので、時間の奪い合いになり、ストレスフルになる可能性もあります。これは結構なマイナス面で、段取りも難しくなります。

しかし、「少しずつしかできない」という制約はプラスに変えることができる、と思ったのです。

そこで、こんな方針を打ち出しました。

「100年プロジェクトなのだから、長い時間をかけて、ゆっくり変えていく」

腰を据えて取り組むことで、現場の焦りが消えます。さらなるメリットは、新しいデザイン、流行りのデザインに振り回されずにすんだことでした。

そして、「100年かけて変えていくのだから、100年は価値が変わらないものをつくる」という覚悟もできたのです。

似たケースをもとに「予測」する

いかにリアルに詳細に想像するか。
いかに想像の範囲を広げるか。
それが大切だとお伝えしてきました。

ただ、「想像する」といっても限界はあります。まったく知らない分野のことを想像するのは難しいでしょう。

そういうときは、**似たケースを参考にする**といいでしょう。

相鉄の仕事でぼくが似たケースとして参考にしたのは阪急電鉄(阪急電車)でした。モデルケースとして探したわけではないのですが、「電車の仕事をするのなら参考になりますよ」と、関西出身の人が教えてくれたのです。

1907年創業の阪急電鉄は大阪・梅田から神戸、宝塚、京都まで走っており、有川浩さんの小説『阪急電車』は映画化もされました。おしゃれで愛らしい電車は有名で、関西の人にとって「阪急沿線」というのは憧れとされています。

阪急電車の人気の理由を考えると、あの独特の車両の色が大きな要素ではないかと感じました。ぼくはチョコレート色だと思ったのですが、阪急電車の独特の色には「阪急マルーン」という固有の名前がついています。栗の「マロン」が語源だそうで、深みがありながら温かい、上品なこげ茶です。

１９５０年に行われたアメリカ博をきっかけに誕生したそうですが、何度か色を変えようとしたところ、利用者から「この色を変えないでほしい」という反対意見が出たという資料も見つかりました。

それはまぎれもなく、阪急電車が利用者に愛されている証拠でしょう。

誰もが「阪急だ！」とわかる独自の色をもつ阪急電車は、年月を重ねれば重ねるほど、ブランド価値は高まっていくはずです。「変わらない」ということが、信頼と愛着を生むのだから、安全、安心という鉄道の性質にも合致します。

地域の住民に愛され、ブランド化すれば、沿線の土地の価値も上がっていきます。そうすると憧れる人たちも出てくるから、ますます価値は高まる。急激に流行ったりはしないが、ゆるやかな上り調子で、阪急電車は地域になくてはならないものになります。

モデルケースの阪急電車について想像をすると、相鉄が目指すのも、まさにここだと思いました。その電車に乗るのが誇らしく、その電車を見れば「帰って来た」と思えるような、地域のシンボルになる。相鉄のあるべき姿が見えてきたのです。

商品やプロジェクトの想像をする際に、うんうんと唸っていても広がりません。

まずは、**先行して成功しているモデルケースを見つけましょう**。そのケースとの比較で、やるべきこと、進むべき道は見えてくるはずです。

4

「ターゲット」の解像度を極限まで上げよう

その「ターゲット」は何の雑誌を読んでいるか

商品、ブランディング、施設……。

どんなプロジェクトであっても、ぼくはその仕事の「ターゲット」を決めます。

今さら本に書くようなことでもないことは、もちろん承知しています。「ターゲットを決めろ」なんてことは、どんなビジネス書でも書いてあるし、日々の会議でも「この新製品のターゲットはどんな人たちか?」と上司に聞かれるでしょう。

問題は、ターゲットを決めることではなく、ターゲットの決め方です。

もう少し正確にいうなら、ターゲットの絞り方です。

「若い女性がターゲット」

「働くビジネスマンが手に取りたくなるようなもの」

これでは、ターゲットを決めたことにはなりません。ぼんやりしていて、想像力に欠けています。詰めが甘いのです。

そこで、ターゲットをとことん絞りましょう。ぼくはありったけの想像力を駆使してモンタージュしていき、人物像まで決めてしまいます。

ぼくは「ＴＨＥ」というブランドを手がけています。「ザ・ジーンズといえばリーバイス５０１」のように、「これこそは」と言える商品をそろえているブランドです。

この「ＴＨＥ」のターゲットをぼくはどのように設定したか。

ここで思い巡らすのは、**ターゲットが読んでいる雑誌**です。「ＴＨＥ」のお客さんはどういう雑誌を読んでいるのかを想像するのです。

「そうだな、『BRUTUS』『GQ』『AERA』あたりかな……」

ここで「そうか、ターゲットはおしゃれが好きな男性だな」と決めてしまうと、見誤ります。

おしゃれ好きな男性には「ＴＨＥ」の服は刺さらないでしょう。なぜなら、いわゆるファッションが好きな男性はコム・デ・ギャルソン、メゾン マルジェラなど、装飾性が高くて凝った服を好むからです。一見オーソドックスでなんの変哲もないように見える「THE」の服は選びません。

かといって、奥さんや恋人に買ってきてもらったものを着るような、それほどこだわりのない人は、無印良品やユニクロに行くでしょう。彼らも「THE」の服は選びません。そこで、さらに絞っていきます。

「THEを好む人は、『モノ・マガジン』の定番特集を買う人。『BRUTUS』も買うけれども、ファッション特集の号は買わないかもしれない」

こだわりがあってもファッションフリークではない人たちは、「プロダクトとしての洋服」が好きなんじゃないか？　モノへのこだわりだから、奇抜なデザインよりも品質とか素材を重視するはずです。

とっかかりとして「どんな雑誌を読みそうか」を想像することで、ターゲットはある程度絞られます。

雑誌について考えたら、次は「どんな音楽を聴いているだろう？」「好きなテレビは？よく行くお店は？」などとターゲットの解像度を上げていけばいいのです。

ターゲットになりきって「演技」をする

それでは、相鉄のケースはどのように考えればいいでしょうか。

ターゲットはもちろん乗客であり、沿線の住民です。そうなると、老若男女、趣味もいろんな人がいます。こうした場合も「絞る」ことは必要なのでしょうか？

たしかに既存の利用者のキャラクターはまちまちです。そしてどんな人も、つねに遅れる、臭うといった「極度にイヤな電車」にならない限り、利用し続けてくれるでしょう。よって、このグループは「デフォルト・ターゲット」としていったんおいておきます。

ここで考えるべきは、「今後のターゲット」です。ぼくは「今後のターゲット」をこんなふうに考えました。

「結婚3年目で、来年子どもが生まれる。今は賃貸に住んでいるけれど、出産を機に、家を買いたい。年収は平均的で安定志向。夫の会社は渋谷だけれど、地方出身だから、のんびりしたところが好き。都会派というより自然派」

想定したのは女性でした。なぜ女性を今後のターゲットにしたのか。

家を購入する際、重要なのは女性の意見です。田園都市線、井の頭線、東横線といろいろあるなかで、相鉄を選んでもらうには、女性に魅力的なブランドでなければいけません。

現状の漠然としたターゲットではなく、今後のターゲットを明確に描くことで、プロジェクトの進むべき方向はさらにはっきりとしてきます。

ターゲットを決めたら、ターゲットになりきって「演技」をするといいでしょう。

「相手の立場になりなさい」というのは、みんな言うかもしれませんが、そこの精度を上げていくのです。**想像の解像度をマックスまで上げる**。すると「ほんとにそれほしいかな?」「そこに行きたいかな?」ということが見えてきます。

みんながある一方向から見ているとすると、ぼくはちょっと遠くから見たり、逆から見たりしてみます。「いじわるな見方をしている」ともいえるかもしれません。ふつうとはちょっと違う角度で見るのです。

ターゲットになりきるときは、正直に、素の感覚でいることも大切です。

会議や打ち合わせの場になると「ポジショントーク」をしてしまう人もいますが、それはご法度です。

人はいいことを言おうとしがちです。できないと思われたくないから、気のきいたことを言おうとしてしまう。そこに罠があります。**ひとりの人間としての「素の感覚」を忘れないことが大切なのです。**

ぼくは入社1年目のスタッフの意見にも「いいね、それ！」となることがよくあります。実は業界に染まっていない人のほうが正直にものを見られるのです。ビジネスマンはスーツを着た瞬間に「ふつうの感覚」を忘れてしまいがちです。

「私は買わないんですが」「ぼくはいいと思わないんですけど」というのも禁句。「市場調査するとこれがいいと出ました」と言う人もいますが「あなたが買わないのなら、消費者はもっと買わないでしょう」と思ってしまいます。

「トップダウン」で考えれば段取りは自然に決まる

CHAPTER 1では、段取りをする前提の話として「目的地をきちんと決めよう」という話をしてきました。この段階をきちんと踏んでおくことで、プロジェクトは早く進みますし、ベストなかたちで着地することができます。

見切り発車でまずはじめてみて、段々とかたちが見えてくる「ボトムアップ」のやり方もあるのかもしれませんが、効率的には思えません。

最終のイメージから「トップダウン」で考えることで、ゴールのイメージが明確になるだけでなく、あらゆることがおのずと決まってくる。よって、その後の段取りにおいてもプラスに働くのです。

たとえば「Yokohama Nature Week」というイベントを横浜のこども自然公園というところで行なったときの話です。その準備をする際に「屋台やキッチンカーは何台必要か?」という問題がありました。

これを「ボトムアップ」でひとつひとつ考えていけばすごく時間もかかりますし、最終的にどういうイベントになるか見えてきません。

このイベントの「目的」は「きちんと数を決めて予算を出す」ことではありません。「イベントをよりいいものにして、多くの人に楽しんでもらうこと」です。

どういう人が何人くらい来て、どういう動きをして、どういう思いをするのか? 人がどんなふうに集まって、どのくらい混みあうのか?

そこがきちんとビジュアルでイメージできていれば、現地のマップから割り出して「だいたい何メーター間隔で、何台キッチンカーを置く」という答えは自然に出るはずなのです。

ちなみにこのイベントでは、予想をはるかに超える集客により、キッチンカーが足りなくなってしまい、うれしい誤算がありました。来場者の満足度は97%にも達したのです。

まず目的地を決める。それによって、その後の段取りが格段にスムーズになります。
CHAPTER 2では、その目的地までの地図の描き方を中心にお話ししましょう。

CHAPTER 2

最高の段取りをするために「目的地までの地図」を描こう

1

すべての仕事は「ルーティン」である

「毎日が新しいことの連続」なんてありえない

段取りの話に入る前に、伝えておきたいことがあります。「はじめに」でも少し触れましたが、段取りの前提となるようなお話です。

それは**「仕事はすべて同じ」**ということです。

段取りが下手な人や、そもそも段取りをしない人は、「毎日が新しいことの連続である」ようにとらえています。

よって、すべての仕事に対していちいち段取りはしませんし、そもそも段取りが無意味だと思ってやりません。これでは時間もかかりますし、実現の可能性も薄れます。

しかし仕事において、「毎日が新しいこと」などありえないのです。

クリエイティブディレクターという仕事は、いつも新しいことをしているように見えるようです。

たしかに、日々キャラクターをつくり、店舗デザインをつくり、ブランドロゴをつくり、ブランドコンセプトを考え、いろいろなことをしています。クライアントも食品メーカーから小売、アパレル、鉄道会社、地方自治体、省庁とさまざまです。

しかしぼくにとっては、内容は違っても仕事はすべて同じなのです。

まず、**どんな仕事にも「締め切り」があります**。「与えられた時間内に完成するようにスケジューリングする」という点で、すべての仕事は同じです。

また、**やりとげるまでのタスクも基本は同じ**ではないでしょうか。

やるべきことが「1」から「10」まであるとして、たまに「4」がない仕事があったり、あるいは「1・1」「3・1」などのイレギュラーもあったりしますが、「基本が1から10である」というのは変わりません。

考えることも同じ、やることも同じ。すべてがルーティンなのです。

違うのは「考えたすえに生まれたアイデア」や、「実行した結果、できあがった成果物」であって、プロセスは同じです。

段取りをきちんとつくってしまえば、ルーティンとしてどんな仕事も確実にやりとげ

ることができます。無駄な作業は減り、漏れや抜けもなくなります。「間に合わない」「できなかった」ということもなくなるはずなのです。

仕事の「本質」は同じである

「ルーティンといっても、うちの場合はちょっと違うんだよね」

そんな声も聞こえてきそうです。みんな、どういうわけか「自分の仕事は特殊である」と信じています。でもほんとうに、そうでしょうか？

仕事のルーティンについて、もう少し考えてみましょう。

たとえばデザインの仕事は、おおまかに言えばこういう工程をたどります。

調べる→手描きのラフを描く→「たたき台」となるラフをパソコンで描く→カンプを出す→最終カンプ（修正版）を出す

どんなデザインの仕事も、ほぼこの流れに沿っています。
では、企画書をつくるときはどういう流れでしょうか？

調べる→方向性を決める→企画書の流れを決める→文字にする→図を加える→完成

もちろんいろんなパターンはあると思いますが、だいたいこんな流れでしょう。

ぼくが言いたいのは、あらゆる仕事は細かい部分や対象は違っていても、大きな流れは同じで「ルーティン」である、ということです。

違うように見える仕事も、ぺろっと皮をめくってみると骨格は同じ。仕事の本質は同じです。であれば、段取りもそうそう変わるものではないのです。

さらに範囲を広げるなら、プライベートのこともルーティンに当てはまります。
たとえば家を借りるとき。

条件を洗い出す↓候補を絞る↓地図を見る↓ストリートビューで見る↓内見する↓条件を交渉する↓決定する

料理であっても、

冷蔵庫の中身をチェックする↓レシピを見る↓足りないものはないか確認する↓メニューを決定する↓買い物に行く↓調理する↓完成

旅行はどうでしょう？

リサーチする↓宿の空きを調べる↓スケジュールを立てる↓チケットを手配する↓準備をする↓旅行する

すべてのものごとは、一回一回異なるのではなくて、ほぼルーティンであり「型」にはめることができます。

大きな流れはどれも同じ。

調べる→大まかな方向性を決める→具体的なプランをまとめる→仕上げ作業をする→完成

このプロセスを途中で省いて、ろくに調べずに取りかかったり、方向性を決めたりすることなくいきなり細部を考えはじめたりしてしまい、その後の段取りがうまくいかなくなる。そんな例は、実は多いように思います。

「段取りをする」というとすごく難しく考える人がいます。「AのあとBをやって、BをやりながらCを準備して……」などと想像して、きちっとものごとを進めなくてはいけない。「そんなこと毎回できないよ」。そう考える人が多くいます。そうした「段取り」が毎回できるなら苦労はしません。そういった段取りができないから、みんな困っているのです。

ぼくの答えはシンプルです。

あらゆるものごとはルーティンなのだから、ルーティンどおりにやってみればいい。難しく考える必要はないのです。

トラブルもすべて「パターン化」できる

すべてはルーティンであり、型にはめることができる。

そう言うと、こう反論する人もいるでしょう。

「ルーティンでやろうとしたけれど、想定外のトラブルがあってダメになった」

「上司が急にムチャぶりしてきたから、型どおりにできなくなった」

そういう話を聞くと、「それってぜんぶ、想定内だよね」とぼくは感じます。

トラブルはサイズの違いはあれど、仕事にはつきものでしょう。

突然、上司に何かを頼まれることは日常茶飯事。指示をコロコロ変えるリーダーも、納期ギリギリに相談ごとをもちかけてくるクライアントも、どんな業界にもたくさんいます。

それらは「確実に起きること」なのです。**どんなトラブルやアクシデントが起きるか、そのパターンも含めて把握しておくのも、段取りのうちです。**

たとえば、慣れているタクシーの運転手さんは「六本木ヒルズまでお願いします」とお客さんが言うと「森美術館がある六本木ヒルズですね?」などと確認します。

ぼくが想像するに、すぐ近くにあってイメージが似ている「東京ミッドタウン」と「六本木ヒルズ」を混同して行き先を告げるお客さんが多いからではないかと思うのです。「六本木ヒルズ」と言われてヒルズにタクシーをつけたら「あっ、すみません、ミッドタウンだった」とお客さんに言われる。

これを「起こりうるアクシデントのパターン」として覚えておき、回避できるようにあらかじめ確認するという対策を取っているのかもしれません。こういう運転手さんは「段取り上手」だなと思います。

アクシデントも、トラブルも、あらかじめパターン化しておく。さらには、「トラブルの回避方法」や「トラブルが起きてしまったときのリカバリー方法」もパターン化して段取りに組み込んでおく。

そうすることで、どんなトラブルも「想定内」になるのです。

2

「ルーティン」が余裕を生み、仕事の質も上がる

ルーティンを増やし、仕事を「パターン化」しよう

ぼくもかつては「ルーティン化」をせず、行き当たりばったりで仕事をしていました。しかし、あまりにも無駄が多いことに気づいたのです。

仕事はできる限り「ルーティン」にすることを、おすすめします。もちろん、いろいろな案件があるので、どの仕事も同じように進める、というわけにはいかないかもしれません。そこで、いくつかのパターンに当てはめてみるのがおすすめです。

・同じ業種の少人数の人たちと進めていくプロジェクト
・企業や自治体など、異業種の大勢の人たちと進めていくプロジェクト
・イベントがらみなどでスケジュールがとても厳しいプロジェクト
・レギュラーで長年やっているプロジェクト

といった具合です。

「パターン化」はとても便利です。

たとえば異業種の人たちと進めていくプロジェクトなら「会議で決裁するから時間がかかるな」とか「阿吽《あうん》の呼吸では伝わらないから、コンセプトの説明をていねいにわかりやすくしないと、あとあと問題が起きやすいな」などの特徴をあらかじめ把握しておくことができます。

そうすれば、相手が地方自治体であろうと、メーカーであろうと、「うん、同じパターンだな」と戸惑わずにすみます。

自分の仕事のパターンをもとに段取りを組めばたいていうまくいきます。

ポイントは、**パターンの数を極力絞る**こと。果てしないパターンの中から、「今日はどのパターンだ？」といちいちやっていては「パターン」の意味がありません。

どこの会社も「経費の精算をエクセルでつくったフォーマットに入力する」といったパターン化をしていると思いますが、それと同じです。パターン化せずに仕事をするとは、毎回毎回フォーマットからつくっているようなものなのです。

そして、「パターン化しなくてもできる」というかんたんなものほど、パターン化しましょう。

かんたんで慣れた仕事であれば、一からやっても大した手間ではありませんが、「塵《ちり》も積もれば山となる」で、結構な時間のロスになります。

パターン化をしないと、長期的に見た場合、とてもめんどうくさいことになるのです。逆に、パターン化すると無駄が減り、余裕ができるでしょう。

ルーティンを増やすと仕事の「質」が上がる

それでも「仕事が複雑なので、パターン化なんてできないよ」と反発する人もいます。

しかし、ぼくは思うのです。複雑で大変な仕事こそ、段取りが必要ではないかと。

パターン化できる部分はすべてパターン化し、ルーティンとして段取りをしておけば、もてるエネルギーに余裕ができます。そのエネルギーをありったけ、「ここぞ！」という部分に注ぎ込む。このやり方こそ、仕事の質を上げていく秘訣ではないでしょうか。

特に、経験がない若手の人、たくさんのタスクを同時並行でこなすことが苦手な人、詰めが甘くてミスが多い人、忙しいとパニックになってしまう人は、パターン化して段取りをすることで、マイペースが保てます。そうすれば、本来の自分の力を１００％発揮して、いい仕事になるはずです。

クリエイティブな仕事なのだから、ルーティンでやるのはそぐわないのではないか、という意見もあるでしょう。ぼくは逆だと思っています。クリエイティブな仕事だからこそ、ルーティンを増やすべきなのです。

ルーティンを増やすと基本的なこと、あらゆる仕事に共通する基礎の部分をスムーズに行なうことができます。もっといえば意識せずに自然とこなすことができるようになる。**仕事のクオリティのベースが上がります。全体のレベルがグンと上がるのです。**すると、さらに上を目指すことができるようになります。質を上げたり、工夫をしたりする余裕が生まれるのです。

アレンジや工夫ができるのはプロの領域に達した人だけです。

一度もオムライスをつくったことのない素人が隠し味やふわふわのたまごをつくる余裕

などありません。初心者はオムライスのつくり方から把握しないといけないからです。

プロの料理人はオムライスのつくり方なんてルーティン作業です。目をつぶっていてもできるかもしれません。だからこそ、さらにおいしい究極のオムライスをつくる余裕ができるのです。

パターン化し、「やることは決まり切っている」と思えば、これから起こりうることも予測しやすくなります。そうすると、何かトラブルが起きたときも、「ああ、こう来たか」と対応できますし、ほんとうに予想外のことであっても、自分の余裕でなんとかカバーできるのです。

できる限りルーティンを増やし、エネルギーの余裕をつくれば、仕事の質も高まっていくはずです。

「型」を決めることが質とスピードにつながる

ぼくの会社、グッドデザインカンパニーは、世の中に出ているデザインの数が、比率にするとふつうのデザイン会社の3〜4倍はあります。それは段取りがいいからだと思っています。

台湾のセブン-イレブンのディレクションを行なったときも、クオリティを担保したまま、けっこうな量のデザインをしました。

外注はしていません。すべて社内でやったのですが、それが可能なのも「パターン化」を行なったからです。

基本のレイアウトは、ぼくがつくりました。最初にデザインのフォーマットをつくってしまうのです。文字の入れ方まで指定してしまえば、あとは文字や写真を変えるくらいなので、経験の浅いスタッフに任せてもスムーズ。最初の「型」に注力しておけば、あとは「パターン」だから楽なのです。

こうした「パターン化」が可能なのは、**デザインにも「ルール」があり「正解」があると考えているから**です。

たとえば行送りは「文字の級数×1・6を基本とする」というのが、ぼくのなかにはルールとしてある。また「端から何ミリ」というときは8ミリか12ミリのどちらかという場合が多い。こういったルールを見つけていくと、どんどん効率は上がっていきます。

キャラクターデザインに関しても「どういう顔がいいのか」を明確にしてから描くと早くなるでしょう。「くまモン」を描いたときも「くまもとサプライズ」のコンセプトに向かってつくりました。その目標に向かって顔をつくっていったのです。

ぼくらのようなクリエイティブな仕事こそ「答えがある」と仮定して進めるべきです。そうでないと永遠にやることになります。

一生懸命やったとしても、自分なりのノウハウやルールを見つけながらやらないと、ただの徒労に終わります。自分なりの法則を見つけられないままやり続けても、10年、20年たっても成長しないのです。

選択肢を減らすことでストレスを減らす

日々の動きも「ルーティン化」するためにぼくはいろいろな工夫をしています。まずは**仕事の「曜日」を決めてしまう**ことです。

毎週、ちゃんとごみ出しができるのは、ごみの日が「曜日」で決まっているからです。「月曜日が可燃ごみ」「火曜日が不燃ごみ」などと決まっているから、ごみの出し忘れは起きづらいのです。

仕事も同じです。曜日ごとにやるべきことを決めて段取りをすればルーティンとなり、スムーズに仕事が進みます。

たとえば担当クライアントについて、「月曜日はA社、水曜日はB社、木曜日はC社の仕事をする」と基本的に決めておく。

「チームで毎週ミーティングを行なう」と決まったら、「毎週、火曜日の10時に固定しませんか？」と提案する。やり方はいろいろあります。

ぼくも年間契約のクライアントさんが複数いるので、クライアントさんごとに打ち合わせの曜日を固定することで、スケジュールがすっきりし、段取りもうまくいくようになりました。

ひとりの仕事であっても、働く場所や時間、そこでやるべきことまで決めてしまうこともルーティンを増やすうえで効果的です。

毎日会社の自分のデスクで仕事をする人は、仕事の場所や時間をいちいち決める必要はありません。実はこれも小さいながらストレスを減らしていると言えます。

ぼくのように自分で会社をやっている人やフリーランスで働いているような人は、基本的に「いつ」「どこで」「何を」しようと自由です。これはいいことのように見えますが、実はこの**「選べる」という状態は意外に心理的負担が大きい**ものです。

毎日社員食堂で「A定食」か「B定食」を選ぶくらいなら、意志の力はさほどいりません。でも、どこで何を食べてもいい、となった途端に「決められない！」となってしまう人は多いのではないでしょうか。それと同じです。

イチローが打席に入るときに「ルーティン」を行なうのも、スティーブ・ジョブズが同じ服しか着なかったのも、選択肢を減らしていたのでしょう。**ルーティン化して、自分が決める回数を減らすことで、ほんとうに大切なことに集中できます。**

ぼくも、ジーンズやTシャツは同じものをいくつも用意しています。それは、毎朝「服を選ぶ」ということにエネルギーを使いたくないからです。

選択肢を減らす。迷う回数を減らす。

そのために、オフィスなど仕事まわりの環境も工夫しています。

たとえばぼくは、**オフィスの本棚に本を「背の順」で並べています。**ふつうは「カテゴリ」で分けたくなりますが、それだとカテゴリがあいまいな本を探すのに時間がかかってしまいます。シンプルに「背の順」としておくことで検索しやすくなるのです。「あの本は、だいたいこのへんにあったな」と思い浮かべやすくなります。

また、ぼくのパソコンのデスクトップの画面は「進行中」と「完成」の2つのフォルダしかありません。そのフォルダを開くと、ずらっとクライアント名のついたフォルダが現れるようになっています。

よくデスクトップの画面いっぱいにフォルダを何十個も並べている人がいますが、あれだと、そのなかからひとつのフォルダを選ぶときにストレスがかかります。

なるべく選択肢を減らすのがポイントです。

ぼくにとっては、探すフォルダが「進行中のもの」か「完成したもの」かどうかで大きく分かれます。だから、まずこの2つの選択肢をデスクトップに配置するのです。

時間も空間も極力シンプルにしていきましょう。

ルーティンによってなるべく選択、決断をする数を減らして、そのぶんのエネルギーを仕事に回す。それができればさらにいい仕事ができるようになるはずです。

「すごいこと」を目指してはいけない

なるべく決断や選択にエネルギーを使わず、淡々とことを進める。

もちろん「ここぞ」というときにはエネルギーを集中させますが、というより「ここぞ」というときにエネルギーを集中させるためにも、それ以外のことにはなるべく力を入れずに進めることが大切です。そして、力を入れなくても進むような仕組みをつくっておくことが大切です。

「ルーティン」と似たような話かもしれませんが、「すごいことをしようと思うな」ということも、スタッフによく話しています。

「すごいことをやってやる！」

新人デザイナーやクリエイターはしばしば、こんな勘違いをします。これは業種を問わないことかもしれません。それが大事な仕事だと思えば思うほど、力んでしまうという状態です。

「世の中にいまだかつてないものを、俺がつくり出してやろう！」

「みんなをあっと言わせるプロジェクトを成功させよう！」

こうした「すごいこと」を目指す野望があると、段取りなんてどうでもいいと思いがちです。

「段取りは、たしかに単純な業務をこなすには役立つだろうけれど、クリエイティブな仕事にはひらめきと勢いが大事だ！」などと、考えてしまうのです。

しかし、**「すごいこと」を目指すと、力が分散してしまいます。**

野望にとらわれ、「今の市場に必要なのは、誰も見たことのない新しい商品だ！」という、間違った「目的」を把握してしまうと、細部を見落とし、状況が正しく把握できません。また、スタートで力を使い果たしてしまい、最後までやりとげることができません。力がほんとうに必要となるのは、実行していくプロセスなのです。

たとえていうなら、「俺はビッグになる！　社長になる！」と野望を抱いているのに、事業計画も財務計画もまったくない起業家と同じです。

その状態で「みんな、黙ってついてこい」と言っても賛同者はいないでしょうし、投資家もお金を出してはくれません。結局、何もなしとげることはできないでしょう。

「すごいこと」を目指さず、淡々と段取りをしていきましょう。

いつも同じパターンで、確実にやりとげる仕組みをつくりましょう。

ルーティンでひとつひとつこなしていき、そこから生まれた余裕で、仕事の質を高めて

いくのです。結果的に新しいもの、すごいもの、みんなに役立つものができあがれば、ちゃんと世の中に浸透していくはずです。

「すごいこと」は、目指すものではなく、ゴールしたその後からついてくるもの。

そのためには、確実にゴールすること。そしてゴールのために段取りをすることです。

3

コンセプトはプロジェクトの「警察」である

わかりやすい言葉を用意する

さて、具体的な「段取り」の話をしていきましょう。

CHAPTER 1では、仕事の「目的地」を明確にすることの大切さと、目的地の決め方についてお話ししてきました。

ここからは「目的地までの地図の描き方」について説明していきたいと思います。地図がないままに、歩きはじめてしまうと、気づいたら違う場所にいたり、途中で迷子になってしまったりします。

きちんとあらかじめ地図を描き、そのとおりに歩んでいくことが大切なのです。

ほとんどの仕事はひとりでは完結しません。

たとえば編集者だったら、著者がいて、印刷屋さんもいて、デザイナーさんもいて、編集長もいて、いろんな人とチームをつくって仕事をしています。

チームで動くときには「何をするか」ということを共有しなくてはいけません。目的を共有し、同じ方向を向くことが大切です。

そのためにぼくらは**「コンセプト」をプロジェクトごとに決めています。**みんなが共有できる「わかりやすい言葉」を用意するのです。

「目的をひとことであらわすような言葉」があれば、迷ったときに原点に立ち返れます。

チームのメンバーはみんなそれぞれの立場があります。

お金担当の人は「できるだけコストを下げたい」と思うでしょうし、スケジュールを管理する人は「できるだけ納期を守りたい」と思っているでしょう。それぞれの思惑がうごめいているわけです。その誰かひとりの思惑を優先してしまうと、やっぱりチームとしての仕事はうまくいきません。

チーム全員が、それぞれの思惑を超えて、ひとつの方向に進むためにもコンセプトは必要なのです。

相鉄のプロジェクトでは「安全×安心×エレガント」というコンセプトを共有しているとお伝えしました。

このわかりやすい言葉があるだけで、

「いくらスタイリッシュであっても、安全、安心でなければいけない」
「安全、安心を追求するあまり、エレガントを忘れてはいけない」

といった具合に、ブレずに仕事を進めていけるのです。

そして、**チーム全員が「このプロジェクトは○○である」と言える状態にすることが理想**です。

では、こうしたコンセプトはどのように決めればいいのでしょうか?

相鉄の「安全×安心×エレガント」はこんなふうに決まりました。

まず、「安全」は、鉄道事業ではどうしても外せないワードでしょう。安全に運行するというのはあたりまえですし、さらには「点字ブロックなどはほんとうに安全なのか」といった細かい部分まで安全を追求することが重要です。

「安心」も、基盤となるキーワードです。安心のない鉄道というのは考えられません。お客さまが安心して利用できる。さらには、社員や経営陣も安心するようなプロジェクトにするということです。

では「エレガント」はどこから出てきたのか？

安全、安心を進めるのは、東急も京急もＪＲも小田急も、鉄道会社ならば当然のことです。そこで「相鉄ならでは」のポイントを探しました。

相鉄は、横浜を走る電車です。横浜はどういう魅力のある街か？　さわやか？　ノスタルジック？　おしゃれ？　……そのようにいろいろと考えていった結果「エレガント」という言葉にたどりついたのです。

こうした**コンセプトはいわば「警察」の役目**を果たします。取り締まってくれる存在なのです。

仕事が進んでいくと、打ち合わせのときに「これは赤のほうが（好みの色だから）いいんじゃないか？」などと、偉い人や、声の大きい人が言う場面に遭遇します。

ここでコンセプトがあれば「この事業はエレガントがテーマです。赤がいいというのはあなたの感覚ですよね？」という話ができる。

「コンセプトは『安全×安心×エレガント』と決まっています。これでＯＫが出ているんです。だから赤が好きかどうかではなくて、エレガントかどうか？　安心か、安全かということを判断しているんです」と。

「コンセプトを決める」だけではなく**「コンセプトに立ち返る」**ことはさらに重要です。ことあるごとにぼくは「これは、安全×安心×エレガントですか？」とチームに問いかけるようにしています。

みんなが夢をもてるような「コンセプト」を

誤解を恐れずに言えば、相鉄はもともと「エレガント」なイメージはありませんでした。どちらかというと、ちょっとダサイ路線というイメージだった。

そういうなかで「エレガント」というコンセプトを打ち出すことに「ちょっと恥ずかしい」「違和感がある」と言う人もいました。

でも「目的」と「結果」は違います。

もちろん目的と結果が一致するのがベストですが、目的と結果は違ったっていい。「他人がどう思うだろう?」とか「それは不可能なんじゃないか?」といった思いはおいておいて、**ほんとうに目指すものを目的にするべき**です。

実態と目的があまりにもかけ離れていて「100%無理」ならやめたほうがいいかもしれませんが、可能性が少しでもあるなら絶対にチャレンジしたほうがいいのです。

「相鉄はエレガントじゃないよ」とみんなが言ったとしても、エレガントさを目指したいのであれば「こうありたい」と言い続けていく。そうすることで、夢をかなえていけばいいのです。

東京ミッドタウンのコンセプトは「東京のまんなかでいちばん気持ちのいい場所になりたい」です。コピーライターの蛭田瑞穂さんが書いてくれたもので、とても素敵なコピーです。

ぼくが「いいな」と思ったのは「気持ちのいい場所になりたい」という部分。ふつうは「気持ちのいい場所だ」と言いたくなる。そこをあえて「なりたい」にしたことで、このコピーは成功しているのです。

「気持ちのいい場所」というのは、人それぞれの感覚です。「海がいい」という人もいれば「山がいい」という人もいる。だから「気持ちのいい場所だ」と言い切ってしまうとウソっぽさが出てしまいます。もしくは「気持ちのいい場所だ、とは言い切れないね」といってあきらめてしまうでしょう。

しかし、「気持ちのいい場所になりたい」であれば、誰が言ったっていいことです。こうしたプロジェクトの目標の掲げ方が、関わる人の心をつかむのです。

相鉄の場合も「日本中のどの沿線よりも豊かでありたい」という思いなら、抱いてもいいでしょう。

企業も夢を持つべきなのです。

小さい頃は、みんな夢をもっていた。それが大人になるにつれ、恥ずかしくて言えなくなっていく。これは企業も同じです。

創業時はみんな「夢しかなかった」はずです。それがいつの間にか夢をもたなくなってしまう。だから、夢をもつべきなのです。その「結果」が、その「夢」と多少違うものになろうが、それは構わない。でも、目指さない限りは絶対そこには到達しないですし、夢に向かうことこそが「行動規範」にもなっていくのです。

世の中には「それを聞いて社員は何をすればいいの?」と思ってしまうような英文のカッコいいコピーもよく見かけます。おしゃれでいいのですが「具体的に何をしたいのか」がいまいちわからない。

でも相鉄が「豊かな沿線をつくる」ということを目標にすると言えば、それはわかりやすく明確です。「豊かさとは何か?」という議論ははじまるとは思いますが、その議論がはじまることですら素晴らしいことでしょう。

素晴らしいコンセプトは、わかりやすく、行動も自然とついてきます。

「言葉のものさし」の違いに気をつける

コンセプトを決めるときはもちろん、プロジェクトを進めるうえで「言葉」に敏感になることは大切です。この「言葉のものさし」が人それぞれ異なっていると、プロジェクトはちぐはぐなものになってしまいます。

「今のデザインから一新したい。でも、そんなにおしゃれにはしたくないんです」

新製品についての打ち合わせ中、あるクライアントから、こんな言葉が出てきたことがあります。

「デザイン＝おしゃれ」という定義が、その人の中にはあったのかもしれません。

ところがぼくから見ると、現状のデザインが、すでにおしゃれなのです。

『そんなにおしゃれにしない』というより、『もっとおしゃれじゃなくする』ほうがいいと思いますよ」

ぼくがそう言うと、相手はきょとんとしてしまいました。

このすれ違いの原因のひとつは、「デザインとは装飾性が高く、何かを付け足していくもの」という誤解です。しかしデザインとは「よくするもの」であって、とことんまで装飾をそぎ取ることもデザインなのです。

そして、もうひとつの原因は、「おしゃれ」という言葉のものさしが人によって違っていること。「おしゃれ」に限らず、言葉というものは絶対ではなく、ひとことで理解し合うのはとても難しいことです。だからこそ、**自分の中でひとつの言葉やアイデアをもったら、できる限り説明可能にしておきましょう。**

どんな職種であっても「言葉のものさし」が人それぞれ違うことを理解し、溝を埋めていかなくてはなりません。

4

まず「知ること」から
すべてははじまる

段取りは「準備」が9割

仕事の「目的地」を決め、そのプロジェクトの「コンセプト」を決めるのですが、その前提となるのが「情報収集」です。まず**「知る」ことなしに、仕事がうまくいくはずがありません。**

『センスは知識からはじまる』(朝日新聞出版)という本を書いたとき、「驚いた」という声が多くの方から寄せられました。

「センスとは天性のもの、ある日突然ひらめいたりするものだ」

そんなふうに思っている人が、それだけ多かったということでしょう。

しかし**センスは、多くの知識をストックし、最適な組み合わせを考えることで生まれ、磨かれていきます。**

段取りもセンスとよく似ていて、知識なくしては成り立ちません。

知識のストックという「準備」があればあるほど、「段取り」はうまくいきますし、仕事の精度は高くなります。段取りは準備が9割といっても過言ではありません。

・段取りをする前に、関係ありそうなあらゆる知識をサーチする
・段取りとは無縁の、日頃から、関係ないような知識のストックを増やしておく

この習慣をつけておくと、長年にわたって使える自分の財産となるでしょう。

相鉄のリブランディングプロジェクトに携わることになったときも、ぼくは相鉄について調べることからスタートしました。

自分のもっていた古い知識をリセットして、「相鉄らしさって、なんだろう？」というところから新しい知識を上書きしていきました。

相鉄のプロジェクトがはじまったのは２０１４年です。

１９１７年創立の相鉄が、まもなく創業１００年を迎えるというタイミングではじまったものです。

「大正６年創立か。ずいぶん古くからある鉄道なんだな」という素朴な印象からスタートして、歴史を含めた知識をインプットしていきました。

もともとは相模川の砂利を運搬する電車だったという鉄道の成り立ちを伺い、「横浜という街をつくった電車だ」という印象を強く受けました。

小冊子が書けるくらい調べる

どんな仕事でも、**基本情報のインプットはマスト**です。

「あたりまえじゃないか」といって見逃しがちですが、新規のクライアントであってもホームページを見れば、沿革のアウトラインはつかめます。このわずかな手間を惜しんではなりません。

相鉄に限らず、ぼくはどんな仕事でも、相当に調べます。専門機関に問い合わせることもしばしば。「1冊の本をつくるまではいかないけれど、小冊子ぐらいだったら書けるレベル」まで調べるのです。

たとえば、鳥を使ったロゴをつくるなら、鳥類研究の専門家である大学の先生を調べて、「お話を聞かせてください」とインタビューをお願いするところまでやったりします。

めんどうくさそうに思えるかもしれませんが、やってみると芋づる式に興味が出てきて、やめられなくなります。

自分で調べる以外に、**さまざまな人に聞く、というのも情報収集に欠かせないプロセス**です。仕事について把握するとき、自分で調べたことなど、たかが知れています。その点、クライアントやお客さまの知識は、ウェブや本で調べたことよりもはるかに豊かでとても深い。話を聞けば聞くほど、大きな収穫があります。

純粋な好奇心が武器になる

情報収集するうえで大切なこと。それは**「興味をもつ」**ことです。その対象にひたすら興味をもつ。この姿勢があるかないかで、知識のインプット量は変わります。

相鉄でいうと、子どもの頃に「Nゲージ」と呼ばれる鉄道模型をもっていたぼくは、そもそも電車が好きで興味がありました。とはいえ「鉄オタ」と言えるほど詳しいわけではありません。

「知識的には足りないしマニアでもないけれど、電車が好き！」というレベルです。

このレベルの興味があれば、**「もっと知りたい」「教えてください」という第一歩**が踏み出せます。すると相手も気持ちよく話してくれるので、知識が増えます。

ぼくは初歩的なことからどんどん質問していきました。

教えてもらうとますます興味が湧き、「ここがわからない」となるので、質問ができます。

それについて答えていただくと、また新たな知識のインプットとなります。

あるとき、相鉄のみなさんとの雑談中、どの車両が好きかと聞かれて「車掌車ですね」と言ったら、「おおっ！」と好反応だったこともありました。

貨物車のいちばん後ろについているのが車掌車で、たまたま子どもの頃に好きだったからそう答えただけですが、プロからすれば「まったくの素人だと話しても通じないけど、案外知っているじゃないか」となり、「もっと話してやるか」と思ってもらえたのです。

質問は、「知りすぎていても、知らなすぎてもできない」ということです。

いずれにしろ「教えてもらう」とは、相手の頭を使わせていただくことですから、敬意をもってお願いしなければなりません。敬意をもって質問に臨めば、失礼がないばかりか、相手がますます快く教えてくれるというメリットも出てきます。

「最強のインタビュアー」になれ

「仕事なのだから、クライアントに教えてもらうなんて失礼だし甘い。自分でぜんぶを調べるべきだ」という考えもあるかもしれませんが、全体像を把握するという意味でも、インタビューは不可欠です。

相手に話を聞かずに自分で調べただけの知識で段取りをすると、「重要なステップの取りこぼし」といったミスがあとあと起きてきます。

相鉄のケースでは、ブランドリニューアルの一環として、車体の色や内装も変えることになりました。

「ボディの色は？　塗装は？」
「それに合わせた座席シートってどういうものか。つり革はどうするか」

このように、まずは「やるべきこと」をすべて抽出し、それらを組み合わせてリニューアルをやりとげる段取りをしていったわけですが、「やるべきこと」がひとつでも漏れていた場合、きっちり組んだ段取りが意味のないものになってしまいます。

ところがぼくは、あやうくそのミスをおかすところでした。

電車の屋根にはみな、「パンタグラフ」がついています。

相鉄の場合、もともとの車両には「菱形パンタ」がついていました。

電車の屋根についた菱形の金属は、子どもの頃からクレヨンで描いていたような電車のかたちだし、エンジンなどと同様、「デザインが関与する余地がない固定の部分」だと、ぼくは思い込んでいました。

ところがよく聞くと、パンタグラフには「菱形パンタ」のほかに「シングルアーム」というものがあり、2つを比較した場合、新しいものにはシングルアームがふさわしいというのです。

ぼくは、今後の相鉄にふさわしい車両をつくろうとしていましたから、菱形パンタのままだったら電車に詳しい人の目には「新しくした車両と古めかしい菱形パンタがちぐはぐだ」と映ってしまいます。

ぼくは「そういうものだ」と思い込んでいて聞かなかったし、相鉄の担当の方は「あたりまえの知識」だったからわざわざ言わなかった。そこで知識のインプットが抜けてしまいました。こういうことは案外よく起こるので、質問の重要性を再認識することにもなりました。

こうして新たな知識のインプットにより「パンタグラフの変更をするか、しないか?」という工程が加わり、その部分を漏らすことなく段取りをしていけたのです。

「知ったかぶり」をしてはいけない

鉄道でも食品でも女性用の自転車でもＩＣカードでも、ぼくにはたいていのものがおもしろくて、「聞きたい、知りたい」と思い、素直にそれを言動にあらわします。

質問しながら知識をインプットすることは、ぼくにとって「楽しくて好きなこと」です。好奇心旺盛な人は、知識のインプットという点で有利といえるでしょう。

逆にいえば、**好奇心がない人でも、何かを調べてみれば、知りたがりになれます。**なぜなら、調べれば調べるほど知らないことが出てくるので、自然とそれを確かめたくなるのです。「自分は好奇心旺盛というタイプじゃない」と思う人は、淡々と「知りたいこと」の枝葉を広げていきましょう。

人にどんどん質問できる理由をもうひとつあげるとしたら、ぼくが賢くないからだと思います。謙遜でもひがみでもなく「自分は賢くない」と思っていますし、わからないことがあるとすぐにそれを口にします。

どんな業界にせよ、一気にバーッと話をされることがよくあります。そういうとき大人なら「わかったような、わからないような顔」でうなずいてやり過ごし、あとでこっそり、検索するのかもしれません。ぼくも年齢的には「いい大人」なのですが、今でもわからないことはたくさんあり、それをそのままにはしません。

「あのう……。さっきからお話に出ている○○って、何ですか?」

クリエイティブディレクターというのはたいてい企業のトップが決めるので、現場の人たちにとってぼくは「社長が連れてきた人」です。だからみなさんもいちおう「先生」などと呼んでくださるのですが、ぼくまでそれを本気にし、大人ぶった先生づらをしたら、おしまいです。

格好つけない。恥ずかしがらない。わかったふりをしない。

「わからない」と明言し、現場の人たちの前でありのままの自分をさらけだす。
こうした態度がもともと身についていたのは、とてもラッキーでした。さもなくば、聞きたいことも聞けなくなり、十分な準備ができなくなります。
目的は、「自分をよく見せること」ではなく、「よい仕事をすること」です。
この目的がブレないようにしないと、段取りもうまくいきません。

茅乃舎のリブランディングも「知識」からはじまった

段取りは「知識」からはじまります。

茅乃舎《かやのや》のケースも、仕入れた知識がうまくブランドにつながった例です。

「茅乃舎」と言えば無添加の調味料ブランドで、とくに「茅乃舎だし」は、食に関心がある人なら多くの方がご存じなのではないでしょうか。

製造・販売しているのは久原本家グループ。

明治26年創業の伝統ある食品メーカーです。「茅乃舎」の人気が高まるにつれて、「より慎重に今後のブランディングを考えたい」という話になりました。そこで、ぼくの元に依頼がきたのです。

ただ、ぼくは少し困りました。なぜなら、茅乃舎でずっと使われていたロゴはブランディングの方向性としてまったく間違っておらず、ぼくが手を出す部分があまりなかったのです。

しかし、これからもっと伸びていくであろう茅乃舎の未来を予測したとき、これまでの家をかたどったようなマークがもつ「かわいらしさ、親しみやすさ」よりも、より洗練された「上質」をあらわすものに変えたほうがいい気もしていました。

それからぼくは、**あらゆる知識をインプットし、想像し、準備をはじめた**のです。

福岡に「レストラン茅乃舎」がオープンしたのは、２００５年9月2日。全国展開の店舗の旗艦店となる茅葺き屋根の建物です。

「大変な思いをしてオープンした夜、店の後ろの山あいに満月が出ていたんだよ」

打ち合わせのとき、うれしそうに社長が話してくださったことが強く印象に残っていました。「そうだ、山があったな」と思いました。そのときふと、これが新しいブランディングのヒントになるかもしれない、と思ったのです。

さっそく、地図を調べました。すると「レストラン茅乃舎」とすべてのブランドがそろうショップ「久原本家総本店」のあいだには、天照大神が祀られた神社があることがわかりました。さらに天照大神について調べていくと、天照大神が岩戸に隠れたというのは日食だったのではないかという説を見つけました。

オープンの夜に浮かんでいた月のこと。天照大神を祀った神社のこと――。

そんなイメージから生まれたのが、「茅乃舎は月と太陽に守られている」というものでした。ぼくはそこから、円形のシンボルマークをつくりました。ちなみに、シンボルマークの丸の線の太さが微妙に異なっているのは、皆既日食のように、月と太陽の両方がそこにあることを意味しています。

茅乃舎はアメリカにも進出しており、今後は世界展開も視野に入っています。そのため、地球をイメージする「円」のかたちにしました。さらに、この円は「円相《えんそう》」もあらわしています。円相とは、ひと筆で丸を描く禅の書画で、雑念が消えている人ほどきれいな円が描けるといいます。これは久原本家の中に脈々と流れている、「迷わずに本質をつくり続ける」という考え方に通じます。

円形の下部にわずかなふくらみをもたせ、久原本家のルーツである醤油の一滴を表現しました。

定例の打ち合わせの席で、いきなりシンボルマークを提案したぼくに驚いていたものの、社長はその場で受け入れてくれました。

ただ「よりおしゃれに」「よりカッコよく」といったことを考えているだけでは、このマークにたどりつかなかったでしょう。**あらゆる角度からお話を伺い、いろいろな情報をインプットすることで、答えは導き出された**のです。

だいたいのイメージを「面取り」して決めていく

知識のインプットは大切ですが、あまりにもディテールを見すぎてしまうと、細かい部分に引っ張られすぎて全体像が見えなくなります。よく言われるように、「木を見て森を見ず」になるのです。

また、細部にこだわりすぎて、目的からブレてしまう危険もあります。

そこでぼくが行なうのは「面取り」です。

「面取り」とは、木材などの角（稜）を削っていくことで、料理でもこうした作業を行ないます。

ただ、ぼくがいう面取りとは、角をバサバサ切っていく作業で、彫刻の粗彫りに似ています。たとえば「気をつけ！」をした人体をつくるなら、四角い木材の角をバサバサと大きくカットしてまずは細長い楕円に近いものをつくり、そこから細部を彫り込んでいく。あるいは手を大きく広げたポーズの人体なら、角をバサバサカットして、まずは逆三角形の立体に近いものをつくる。

このように、まず**余計なところを落として大まかなかたちで全体像を把握してから、細部を詰めていく**のです。

相鉄の例で言えば、こんな具合です。

・相鉄は　○力強い　×軽やか
・相鉄は　○地味で落ち着いている　×派手で目立つ
・相鉄は　○暗くて静か　×明るくてにぎやか

バサバサ角をカットし、「力強くて落ち着いていて静か」というかたちにする。

また、創業100年という伝統、相模川の砂利を横浜の港まで運搬し、横浜の街づくりに貢献したという歴史。地域の住民の足であること。内陸部を走っていること。こうした知識をもとにかたちを決めていきました。

彫刻にたとえるなら、手を上げて睨んでいるのか、それとも四つ足で走っているのか。大まかなところが見えてくると、「だいたい把握できた」と感じます。

大まかなところというのは実は本質であり、そのプロジェクトや製品を代表する主要な部分です。**インプットした知識をもとに面取りをしてものごとを把握すれば、方向性もコンセプトもほぼ決まります。**

このあとは「面取り」を細かく詰めて、それぞれをタスク化して実行の段取りをしていきます。

だからこそ「面取り」による大まかな把握は、的確でなければなりません。

「やらないこと」を決めていく

「何をやるか」と同じくらいに「やらないこと」を決めるという作業も大切です。

目標が高ければ高いほど「達成するために、あれもやろう、これもやろう」となってしまいます。しかし、それではいくら時間があっても足りませんし、タスクがあまりにも多くなり、段取りしてもうまく機能しません。

「やったところで目的には効果がないこと」も含めて段取りをしてしまうと、労力ばかりかかって効率が落ちるうえに、仕事の成果は上がらないのです。

相鉄は当初、リブランディングにあたって「広告を打ちたい」という希望をもっていました。沿線外の人たち、つまり将来住んでくれるであろう「今後のターゲット」に対してアピールするための広告を出すというのです。広告は費用もかかりますし、プロジェクトの大きな柱のひとつだったのかもしれません。

しかし、ぼくは反対しました。自分の体験として考えても、広告を見て、その沿線に住みたいと思わないと感じたのです。率直に担当の人たちに尋ねると、みんな「たしかに、住みたいとは思わない」という意見でした。

沿線の価値とは、その沿線で何かを体験しないとわからない。実際に乗ってみて初めて、「ああ、このあたりに住んでもいいかな？」と思うでしょう。それには、乗ってもらわなければなりません。

有名な観光地や人が集まる都心であれば、黙っていてもみんなが来てくれるので、すぐにその沿線を体験してもらうことができます。「このへんはいいな、住んでみたいな」と思ってもらえる機会も増えます。

しかし相鉄沿線で有名なのは、横浜（駅）を除けば、ズーラシアという動物園。そのほかは、二俣川の運転免許センターくらいです。沿線外から人に来てもらうコンテンツがわずか2つ。これでは、やはり沿線に住みたいと思ってもらうのは難しいでしょう。

いろいろ考えて浮かんで来たのが「Yokohama Nature Week」というイベントでした。

相鉄沿線には、「こども自然公園」という、緑豊かな素晴らしい公園があります。クワガタやホタルやカワセミが棲み、動物とふれあえるミニ動物園があり、手ぶらバーベキューまで楽しめる。でも残念ながら、近隣の方以外からの認知度はいまひとつです。

「相鉄は、都市と自然を結ぶ鉄道です」ということをアピールしていけば、「今後のターゲット」である引越しを考えているであろう若い夫婦、子どもが生まれたばかりの家庭に響くと考えたのです。

相鉄はもともとこのターゲットについて「ハッピーファミリー層」という言い方を独自にもっていました。それがとてもいい言葉だと思ったので、「ハッピーファミリー層をイベントに引き込むことによって、沿線価値を形成する」という大きな柱をつくったのです。

目的がはっきりしていれば、「やらなくていいこと」が明確になります。

その意味で、プロジェクトが立ち上がって間もない打ち合わせはとても大切です。

「鉄道のリブランディングをします。そこで広告を打って、車両を新しくして」

こんなふうに大枠が話されるケースがほとんどだと思いますが、そのまま段取りに突き進むのは危険です。

「はい、広告を打ちましょう。新車両が２０１７年運行開始だとしたら、逆算して○ヶ月前から車内の中吊り広告、駅貼りポスターをやりましょう。新聞広告は○月に出すといいですね。それを段取るとしたら、まず……」

「はい、車両を新しくしましょう。紺色がいいと思うんで、まず予算見積もりをつくって、業者に塗装のスケジュールを出してもらって段取りを……」

これは一見、とてもスムーズな打ち合わせのようだし、段取りもきっちりいくかに思えます。しかし、知識のインプットも想像も働かせていないので、プロジェクトのその先は予測できず、目的の確認や全体像の把握もすっぽり抜けています。

「なんのためにこの仕事をするのか？」
「目的は？　志は？　この仕事によってどう世の中が変わるのか？」

初期段階ではこうした「青臭いこと」を真摯に確かめながら、準備をしっかりとする。そうしなければ、段取りは、単なる予定表づくりで終わってしまいます。

目的地を定め、そこまでの地図を描くために、情報を収集し、コンセプトを決める。CHAPTER 3 からは、目的地までどのように歩いていくかを考えていきます。

CHAPTER 3

目的地まで最短距離で進もう——時間と効率化の話

1

すべておいて時間は「王さま」

すべての仕事に「時間」という目盛りをあてがう

なぜ、あらゆる仕事に「段取り」が必要なのか？

それは「時間」というものが、限られたものだからです。

すべてのプロジェクトには「いつまでに」という期日がかならずあります。なぜ期日があるのか？　それは時間が有限だからです。1ヶ月は30日前後と決まっていて、どうがんばっても40日にはなりません。1日は誰にとっても24時間です。

そして、何よりぼくらの命にも限りがあります。**命が有限だからこそ、どんなプロジェクトにも期限が必要なのです。**

時間の制約なしにできることは、この世界には存在せず、ぼくたちは時間に支配されている存在です。

だからこそ、どんな仕事であっても、あたかも映像や音楽作品をつくるように、「どのくらいの時間内におさめなければいけないか」をつねに考える必要が出てきます。

機械の分野には「治具《じぐ》」というものがあります。

たとえば、「3センチ間隔で穴を開ける」という作業を機械が正確にこなすために、長さを計測する「治具」がついていて、3センチ間隔になるちょうどいいところにドリルを導く。こうした治具によって機械は、短い時間で効率よく生産性を上げることができます。

機械における治具は物理的な「長さ」の話ですが、仕事における治具は「時間」の話です。

どんな仕事も「時間」という治具を当てることで、効率よく生産的に進めることができます。**なぜか終わらない仕事、ダラダラと続けてしまいがちな仕事には、「時間」という治具が備わっていないのではないでしょうか。**すべての仕事は、時間という治具によってはかられるからこそ、うまく進むのです。

「いいものをつくる」よりも「時間を守る」ほうが大切

クリエイティブにまつわる仕事は、しばしば誤解されています。

「スケジュールをこなすより、いいものをつくることが大切だ」

「クリエイティブなことは、時間どおりには進まない」


こんな解釈が、クリエイター本人にもまわりにも蔓延しているのです。

クリエイティブ業界はその傾向が特別強いかもしれませんが、締め切りを守れなかったり、段取りが苦手だったりする人は、心のどこかで「いいものをつくることが自分の仕事だ」と勘違いをしていないかどうか振り返ってみましょう。

素晴らしいものであれば、多少時間がかかっても仕方がないという思い込み。

あるいは、「素晴らしいものができるんだから待ってほしい」という思い上がり。

これは優秀な新人に多い勘違いなのですが、そういう思考回路をもっているということ自体、ぼくはびっくりします。

お客さんからお金をいただいて「この日までにつくります」と約束したのに「いいものをつくることが優先だから破ってもいい」などと思っていることが不思議です。


「締め切り＞いいものをつくる」

これは絶対ルールであり、時間よりも強い制約はこの世にないとぼくは思います。

スケジュールを制するものは仕事を制す

締め切りを守るのが苦手な若い社員に、ぼくはこう言います。

「ロナウドを目指そうよ」

クリスティアーノ・ロナウドは、言わずと知れたスーパースター。サッカーの技術とルックス、2つの強みがそろっています。

それと同じで、仕事の質とスケジュール。この2つを両立させることはぼくらにもできるはずです。**「質を高める」のか「時間を守るのか」と天秤にかけるのではなく、どちらも大事にしよう。**ぼくはそう言います。

師匠の会社を辞めて独立した頃のぼくは、まったく無名で、事務所すらない状態でした。そんなやつに仕事をくださったクライアントさんのことを思うと、いいデザインをするのは当然のことながら、「絶対に約束だけは守ろう」というのが染みつきました。だからぼくは、ずっと締め切りだけは厳守してきました。

締め切りを守り続けたこと。人との約束を大切にすること。

これが、ぼくがささやかながら信用を築けた大きな要因だと思っています。そのおかげで、湯野浜温泉「亀や」さん、中川政七商店さんなど、10年、15年の長いおつき合いになったクライアントさんもいます。

「スケジュールを制するものは仕事を制す」というのも、ぼくの口ぐせです。

自分の気分や体調の波。社内の力関係。時間が守れなくなりそうな、いろいろな要因はあるでしょう。それらをまったく無視することが難しいのはわかります。

それでも仕事をうまくやっていこうと思うなら、「自分さま」を優先するのは論外。「クライアントさま」でも「上司さま」でもなく、「時間さま」を最優先にすることです。

「いい仕事」をするのがあたりまえでも、ときにはどんなに努力してもうまくいかないこともあります。しかし、締め切りをかならず守るというのは、自然災害などの不可抗力はあるものの、段取りという「努力」で99％はカバーできます。

仕事の質よりも、締め切りを優先する。一見、誤解を招きそうなフレーズですが、これくらいの意識でちょうどいいほど、大切なことです。

「いい仕事は非効率でも仕方ない」「いい仕事は長い時間をかけるものだ」というのは思い込みです。**「早くていい仕事をすればいい」**のです。

効率よく、いい仕事をする。それは可能ですし、そこを目指したいものです。

2

「締め切りが完成」である

「完成したら世に出す」のではない。「締め切りが完成」である

グラフィックデザイナー・仲條正義さんに教わった、ぼくがずっと大切にしている言葉があります。

「締め切りが完成」という言葉です。

「完成したから世の中に出すのではなく、締め切りがきたら世の中に出すべし」

いわゆる芸術家だったら締め切りはないかもしれませんが、社会の中で生きている以上、締め切りがかならずやってくる——。

そんなニュアンスだと思いますが、さすが大先輩だと心に響きました。

資生堂パーラー、カゴメ、パルコ。ひとつの時代を象徴するようなデザインを次々と生み出した仲條さんでさえ、締め切りをもとに仕事をしているのだから、自分もそれにならおうと思ったのです。

そもそもめんどうくさがりやのぼくは、だらだらしているのが好きです。

テレビを見ているのも好きだし、子どもと遊んでいるのも好きだし、ぼんやり考えごとを

しているのも好き。「締め切りがなければ、仕事をしなくなるかもしれない」と思うほどです。

「仕事をしなくなる」というのが極論だとしても、締め切りがなければ緊迫感がない仕事ぶりになるでしょう。それでできあがったものが質の高い仕事になる可能性は、相当に低いと思います。

締め切りが完成であるならば、「一生懸命にがんばったけれど、できなかった」という言い訳も通用しなくなります。

たとえば「3月中に、新しい商品の企画案を3つ提出するように」と上司に言われたとして、3月31日になって「できなかった」というのはありえません。

3月31日の時点でできていた企画——たとえそれが「なんかわからないけど、とにかくむちゃくちゃ売れる商品！」としか書かれていない子どもみたいなメモだけだったとしても——それが自分の仕事の「完成形」であり、自分の実力の「すべて」と判断されるということです。

「時間があれば、もっといいものができた」という言い訳は通用しません。

とても厳しいことですが、「時間内にやりとげることも実力のうち」というシビアさが必要なのだと、ぼくは考えています。

締め切りをつくる。ない場合は「仮」でもつくる

グッドデザインカンパニーでは定期的に社内ミーティングを行ない、各チームのデザイナーがプロデューサーに、スケジュールの共有をしています。

チームごとにいろいろなプロジェクトを請け負うことも多いので、会社として「締め切りを守れているか」や、全体の段取りを把握するためのものです。

わが社のプロデューサーでありぼくの妻である水野由紀子は達人といっていいほど段取りが得意なのですが、このミーティングでは戸惑うことがあります。締め切りはいつかと尋ねると、「わからない」と答えるデザイナーがいるからです。

「クライアントさんは、いつがラフデザインを提出する締め切りなのか、言っていなかったんです。だから準備はしているんですけど……」

クライアントから締め切りを言われなかったから、締め切りがわからない、というのです。しかし、これではいけません。

たとえば舞台のパンフレットの仕事だとしたら、公演当日には印刷物として完成していなければなりません。公演日がわかっていれば、たとえクライアントが細かく締め切りを言ってこなくても、逆算してわかるはずです。

「○月○日までに入稿しないと、印刷が間に合わない。それには、○月○日までにはクライアントからデザイン案の承認をもらわなければいけない。それなら、○月○日までにラフデザインを完成させよう」といった予測はできるはずです。

身内の話を書きましたが、これは案外、よくあることではないでしょうか。

相手が言ってくれないのならば、自分のほうから「○月○日締め切りでいかがでしょう?」と相談するクセをつけましょう。

自分で勝手に決められることでもありませんから、相手は「いや、もうちょっと早くほしい」と言ってくるかもしれません。早めに進行することになるなら、早く知っておいたほうがいいに決まっています。

上司に頼まれた案件で、「いちいち締め切りについて相談できない」というものもあるでしょう。それなら「仮」でいいから、自分ひとりで締め切りをつくっておくのです。

締め切りとは、相手が言おうと言うまいと「ある」ものです。

それなのに「締め切りがわからない」という状態でいたら、段取りなどできるわけがないのです。

「なる早」「今日中」という危険ワード

締め切りを決めておらず、のんびり進めていたら「あの資料、そろそろできているよね？」と聞かれてあわててしまう……。これは「あるある話」だと思います。

締め切りを決めていたとしても、それが**「あいまいな締め切り」であったなら、決めていないのと同じ**です。

「なる早でお願いします」

「今日中にできれば助かります」
「今週中でどうでしょう？」

クライアントさんに「これ、いつまでにやればいいですか？」と尋ねると、しばしばこんな答えが返ってきます。

「なる早」には基準がありませんから、いくらでも先延ばしができてしまいます。もしガウディだったら「なる早ね。じゃあ、サグラダ・ファミリアはあと50年くらいで仕上げますね」と言うかもしれません。人によっては「なる早」は、来月もしくは来年ととらえられる可能性もある。それほど「なる早」は危険な言葉です。

時間という数えられるもの・はかれるものに対して、「目盛りがついていない言葉」を使ってはいけません。

「なるべく早くっていうのは、明日までですか？ ぼくは来週火曜日の13時まで時間をいただけると助かりますが、それでもいいですか？」

このくらい具体的に確認しましょう。

よく言われることですが、「今日中」というのも業界ごと、会社ごと、人それぞれ違います。ぼくはいつも**「何日の何時までと決めなさい」**とスタッフに言っています。

今日中とは23時59分までなのか、それとも相手が今日、退社する時間までなのか。23時59分でいい場合、明日の朝イチでもいいのか。明日の朝イチとは何時何分なのか。

「なる早」「今日中」「大至急」「今月中」

このような感覚的な言葉は排除し、みんなに共通している「時間」という目盛りを使う習慣をつけることです。締め切りはつねに「日付と時間」で確認しましょう。

自分の中での締め切りはギリギリに設定する

相手との締め切りは、いってみれば「正式な締め切り」です。それをしっかりと確認したら、自分の中で「プレ締め切り」を決めます。

「8月8日の13時までに納品」

たとえば、クライアントとこんな約束をしたとしたら、「プレ締め切り」は理想的には1

週間前の8月1日。せめて8月3日です。

これは決して「早め」ではなく「ギリギリ」の設定です。

なぜなら、修正が入る可能性もあるし、ミスが見つかることもありえます。発送でトラブルが起きる可能性もありますし、体調不良や災害が起きるかもしれない。

それらに対応したとしても**「正式な締め切り」には絶対に間に合うように、バッファをもって「プレ締め切り」を決める**のです。

逆にいうと、プレ締め切りがあるから正式な締め切りを守ることができます。

「何か起こったら万全の対応をしたい」といっても、プレ締め切りを前倒ししすぎるのも問題です。たとえば1ヶ月も前にプレ締め切りを設定すると、逆に正式な締め切りに遅れてしまう危険性があります。自分の中での締め切りを早く設定しすぎても逆効果なのです。

これは目覚まし時計の理論と同じです。

「7時に起きたいけど、寝坊しそうだから6時にセットしておこう」とやると、いざ6時にアラームが鳴ったとき、「いやいや、あと1時間もあるんだから大丈夫」とつい二度寝してしまって、寝坊してしまう……。これも「あるある話」ですが、締め切りに関しても同じことが起きます。

ごまかさない。余裕をもたない。このくらいシビアな姿勢で設定したほうが、締め切りは破らずにすむのです。

3

仕事が入る「時間ボックス」を用意する

長期プロジェクトでも「カップ焼きそば」のつもりで

段取りが苦手な人であっても、日常生活では立派に「段取り」をしています。

たとえば、カップ焼きそばをつくるとき。

パッケージを開け、フリーズドライの具を入れ、お湯を入れて3分待ったら湯切りをし、素早くソースを入れてかき混ぜる。わずか数分のプロセスですが、「時間どおりにやるべきこと」をきっちりとやりとげます。

「適当にお湯を入れ、ふと気づいたときに湯切りをする」という人は少数派でしょう。こだわりがある人なら、「お湯を入れて○分○秒で湯切りをし、蓋をして○秒蒸らしてからソースを入れて食べる」という細かい段取りをしているかもしれません。

つまり、ぼくたちは**短時間であればきっちりと段取りができる**のです。

トイレに行きたくて帰宅したときを思い出してください。マンションのエントランスからポケットの中で鍵を握りしめ、「エレベーターの閉めるボタンを押して階数を押す。ドアが開いたらポケットから鍵を出して開けるが、この靴は脱ぐのに時間がかかるから、エレベーターの中でひもを緩めておくと時間が短縮できる」なんて段取りもやってのけます。

緊急事態にも、ぼくたちは段取りができているのです。

消防士や警察官、看護師をはじめとする医療関係者などのプロフェッショナルであれば、わずかな時間で何をすればいいか、きっちりと決まっている段取りを着実にこなしていると思います。

ところが、プロジェクトが長期になればなるほど、時間の感覚がゆるくなり、段取りができなくなりがちです。時間が迫ってくることへの恐怖心が、まひしてしまうのでしょう。

3年プロジェクトも3分間のカップ焼きそばと同じように段取りをする。そんな心構えが必要です。3年後というかたまりだと漠然として見えるかもしれませんが、それを1年ごとに3つに分割し、その1年を12ヶ月に分割し、その1ヶ月を30日に分割したうえで土日を差し引いた22日にすれば、「まだまだ先だ」とのんびりしていられないことに気づくはずです。

「時間ボックス」に仕事を入れていく

時間の大切さを認識し、締め切りを明確にできたところで、いよいよ段取りの組み方の話に入っていきましょう。

ぼくは、どんな仕事でもまず「時間ボックス」をイメージします。

「3日」「1週間」「1年」など、さまざまなサイズの時間ボックスのなかからよさそうなものを選び、そのなかに「これと、これと、これをやれば完成」という仕事のタスクをはめ込んでいくのです。

相鉄のプロジェクトのようにたくさんのタスクがある仕事は、すぐに時間ボックスがいっぱいになってしまって、やるべきことがあふれてしまいます。相鉄を「100年計画」としたのは、手がけることが大掛かりでたくさんあったので、「大きな箱」を用意したいと考えたためでした。

自分が手がけている仕事やプロジェクトがAとB、2つあるとしたら、それぞれにふさわしい時間ボックスのサイズがあるはずです。

「プロジェクトAは1週間くらいかかるな」と思ったら、そのくらいのサイズの時間ボックスを選び、プレ締め切りから逆算して、1週間前からスタートする。

「プロジェクトBは1ヶ月」と思ったら、同じように1ヶ月程度の時間ボックスを選びますが、AとBが重なっているなら「いや、1ヶ月半の時間ボックスを選んだほうがいい」となるかもしれません。

「このプロジェクトにおいてやるべきことは何で、どのくらいの量があるか？」

これには予測する力が必要です。CHAPTER 2までに触れた最終のイメージづくりや準備がきちんとできていればいるほど、予測力は正確なものになります。

「予測したやるべきことにふさわしい時間ボックスは、どのサイズか？」

これを決めるのは、スケジュール力。時間の見積もりとも言えるかもしれません。

決まったスペースにぴったり詰めるというのは、なんにせよ技術がいります。

たとえば、気ままにおかずをつくってから適当な弁当箱に詰めたら、スカスカになったり、すべてのおかずが入らなかったりします。しかし「幼稚園児の弁当」「自分の弁当」などと目的ごとにどんなおかずをどのくらいつくるかを決め、**ちょうどいい弁当箱の大きさを決めてから詰めていけば、かならず目的に合った弁当ができあがり、おかずも余らない**のと同じです。

では、どのようにスケジュールを立てるのか？　時間をどう見積もるのか？　仕事にどう優先順位をつけるべきなのか？　それについて見ていきましょう。

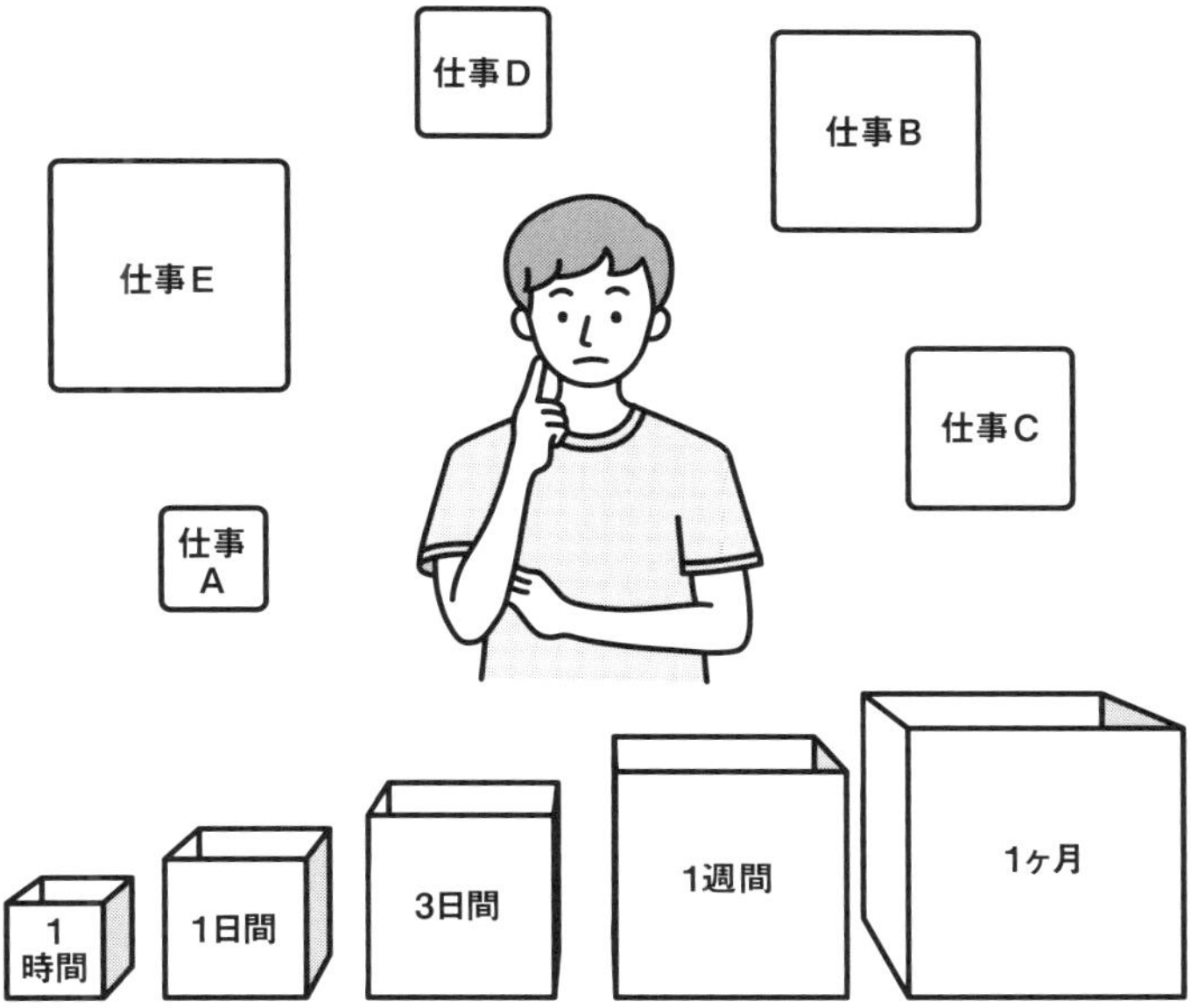

どの「時間ボックス」に入れるか決めよう

4

「つらい仕事か、楽しい仕事か」は考えない

仕事は「メンタル」でなく、すべて「時間」ではかる

時間ボックスに「やるべきこと」を詰めていくときにイメージするのはテトリスです。テトリスはご存じのとおり、正方形を組み合わせた図形をぴっちりと積み上げて列をクリアしていくゲーム。

テトリスのブロックは正方形をさまざまなかたちに組み合わせた何種類かの図形ですが、「やるべきこと」のコマもいろいろなかたちをしています。

「クライアントへの提案書の練り直し」とか「上司にプロジェクトについて相談する」とか「経費の精算」とか、やるべきことの内容を考えると、テトリスよりも複雑です。ときに丸や三角があるどころか、球体や不思議なオブジェのようなかたちもあるように思えてきます。

それらをぴっちり時間ボックスに詰めるのは不可能だと思えてくるでしょう。また、「重要な仕事からやる」とか「締め切りが近いものからやる」とか、いろいろなやり方があると思います。

段取りのコツとしてぼくがおすすめしたいのは、すべての仕事を「時間」ではかるということです。

つまり**「軽い仕事・重い仕事」というものはなくて、「短時間で終わる仕事」と、「長くかかる仕事」という目安で、やるべきことをはかる**のです。そうすれば、一見かたちが違って見えても実はどれも正方形を組み合わせたテトリスのコマ同様、すべての仕事を同じものとして扱えます。

大切なのは「重要度」はもちろんのこと、「精神的な重い・軽い」で仕事をはからないことです。「10分で終わるけどつらい仕事」と「1時間かかるけれど楽しい仕事」という考え方をしていると、仕事の計測が狂ってきます。

30分が1コマとして「短時間で終わる仕事」は1コマ。「長くかかる仕事」は6コマ必要かもしれません。すべての仕事のコマ数をはかり、時間ボックスにきっちり詰めていきます。

1日の時間ボックスの中には、「13時から15時まで会議」などと、すでに埋まっている部分もあるでしょう。それなら空いている午前中と15時以降に、仕事のコマを詰めることになります。

まんべんなく、いろいろな仕事のコマでボックスを埋めることもあるでしょう。あるいは

「1週間後にプレ締め切りがある仕事を時間ではかったら、30コマ必要だった」という場合は、それだけをどんどん詰めていくかもしれません。

いずれにしろ、**まずは機械的に、仕事を時間ではかってみる**ことがポイントです。

「麻雀」のように機械的に考える

時間ではかった仕事を時間ボックスに詰めていくときは、優先順位も考える必要がありますが、ぼくはこれもビジュアル化してとらえています。

いろいろな仕事が、麻雀の牌のように、すべてずらりと並んでいるところを想像するのです。

自分の仕事の牌は左からプライオリティが高い順に並んでいるのですが、クライアントやスタッフもそれぞれ仕事の牌をもっていて、「これをお願いします」と別の仕事の牌を出してきます。そうしたらひとつの牌を片づけてカチャッとスペースを空け、優先順位を考えてふさわしい順番のところに入れます。

「仕事の牌の優先順位」といっても、「重要度」ではありません。ここも「早くやらなければいけないもの順」です。仕事を内容ではなく時間ではかっているという点では、「テトリス」も「麻雀」も同じイメージです。

新しい牌をどこに入れればいいかを決めるには、それぞれの仕事の優先順位を正確に把握していなければなりません。

「これが急ぎなんです！　最優先してください」と、スタッフやクライアントからいきなり牌が入ってくることはよくありますが、その牌をどこに入れるかはあくまでも自分の判断。

自分の牌をトータルで見て、「大至急と言われたけれど、手持ちのこの仕事のほうがもっと急ぎだ」というときは、それを相手にも伝えるケースもあるでしょう。逆に、大至急の牌をたくさんもっているスタッフに、「これを急ぎで頼む」と言ってはまずいケースもあります。

つまり、自分の牌だけ把握していればいいわけではなく、**スタッフ、クライアント、チームのメンバーがもっている牌も、ある程度知っておく必要がある**ということ。

麻雀だと相手の牌は見せてもらえませんが、仕事であれば、スタッフやチームのものは見せてもらえます。

少なくとも同じチームであれば、誰がどんな牌をもっていて、どのように並べているかをお互いに知っておいたほうがいいでしょう。

5

スケジュールが破綻しないために

「虫のいい」スケジュールをつくらない

「私は、ちゃんとスケジュールを立てています。でも、先輩や上司にいろいろな頼みごとをされて、それをやっているうちに予定が狂っちゃって。今日ももう、予定より1時間遅れているんです……」

これは若手スタッフにありがちな、スケジュールにまつわる悩みごとです。

解決策はごくごくかんたん。そのスケジュールが、「虫のいいもの」になっていないかどうかを確認すればいいだけです。

何か頼みごとをされる、急に呼び出される、ミスが発覚して、すぐ対応しなければならない……。

時間ボックスに「やるべきこと」のコマをはめ込んでいく場合は、きちきちにはしないこと。締め切りにプレ締め切りをつくるのと同様に、適切なバッファをもたせることです。

たとえば、「やるべきこと」の所要時間が正味1時間なら、邪魔が入るバッファを足して1時間30分のコマとしておく。

移動時間も、グーグルで調べると「到着まで33分」と教えてくれても、念のためバッファをもたせて45分としておく。

これはスケジューリングとして当然のことであり、バッファをもたずに自分の都合だけでつくったものは、すべて「虫のいいスケジュール」です。余分な時間をちゃんととっておきましょう。

どのくらい邪魔が入るか、どのくらいバッファが必要かを見極めるのは、段取りの重要な部分、つまり予測力を発揮する部分です。

邪魔や中断は、外側からくるとは限りません。

やる気が出ない、風邪をひく、天気が悪いだけで頭痛がしてペースが乱れることもあります。**自分の内側からくる「トラブルの元」も把握し、やるべきことにどのくらいの時間がかかるかを予測しましょう。**

また、可能であれば自分のまわりの人に対しても同じようにするといいのです。

後輩が、彼氏とケンカしてやる気ゼロになるかもしれない。クライアントが子どもの入学式で休むかもしれない。できる限り想像し、予測する。それでもすべて予測するのは不可能だからこそ、大きめの時間ボックスを用意しましょう。

スケジュールは3時間ごとに見直す

・知識をインプットし、想像し、あらゆることを予測して準備ができた
・「締め切り」も「プレ締め切り」もバッファをもって設定した
・仕事を、所要時間をもとにした「やるべきこと」というコマにした
・大きめの「時間ボックス」に、バッファをもって「やるべきこと」のコマをはめ込んでいった

これで段取りの「スケジュールの部分」はできあがりですが、段取りが完結したわけではありません。

「段取りを組んだら、あとはそのとおりに実行していくだけ」という人がいますが、ぼくは、それこそ段取りがうまくいかない原因だと感じます。

段取りというのは、つねに変わるもので、ぼくはスタッフにこう言っています。

「段取りは、3時間ごとくらいに見直すといい。あるいは仕事が一段落したら段取りを見直すというクセをつける。少なくとも1日3回、朝昼夕に見直すべきだ」

段取りとは予測力ですが、完璧な予測力というのはありません。予測には甘い部分もあるし、不確定要素はかならず入ってきます。

仮に段取りした時点で「やるべきこと」を完璧に把握していたとしても、その後、さらに「やるべきこと」が入ってきたら、全体を見直して、把握しなおさなければなりません。

また、最初から決められないスケジュールというのもあります。いちばん若いスタッフが仕事の段取りをするとき、「いつ撮影か?」は決められません。どのカメラマンさんに頼むか、そのカメラマンさんの予定はどうかで決まります。このように決められないことを一生懸命決めようとすると、ひずみが生まれます。「カメラマンさんの候補を出す」など自分にできることを段取りしたうえで、実際にカメラマンさんが決定して予定がわかってから組み直す、それが段取りです。

ぼくの会社では、ほぼ毎朝、社内でプロデューサーとデザイナーがスケジュールの打ち合わせをするのですが、その後3時間おきくらいに進捗状況の共有をしています。こまめに共有することで、デザイナーは懸念事項を抱えずにすむし、プロデューサーがフォローすることもできます。

LINEやSlackなどのツールを活用し、こまめに共有しあうのです。

段取りを完成させずに「見直し」を続けましょう。アップデートし続けるということです。そうしてこそ、期日どおりに質の高い仕事ができる。ぼくはそう思っています。

「段取り表」をつくる

具体的に、どのようにスケジュール表、つまり段取り表をつくっていけばいいでしょうか？　順を追って説明します。

①「やるべきこと」のリストをすべて並べる

まずは、「やること」を箇条書きにしていきましょう。「プレゼン」のような大きなことも、

「会議室の予約」のような小さなことも、目的の遂行に必要なことはぜんぶ書き出します。

②締め切りとプレ締め切りを確認する

たとえば「新車両のデビュー日」から逆算し、何をいつまでに完成させれば新車両デビューに間に合うか、自分でいくつかの「締め切り」を決めます。「座席のデザインは○月○日までに決定」「車両の色は○月○日までに決定」という具合です。

当然ですが、クライアントから依頼された「○月○日までにラフ案をください」という締め切りもここに含まれます。

③「やるべきこと」のリストについて所要時間を設定する

どのくらいの時間でできあがるか目安をつけます。このときに大切なのは、重要度や難易度、やりやすいか、やりにくいかは意識しないこと。すべて時間ではかります。

④「やるべきこと」のリストを「時間ボックス」にはめ込む

締め切り、プレ締め切り、所要時間にあわせて、半ば機械的に「やるべきこと」をはめ込んでいきます。これで段取り表は完成です。

すでに気づいている人も多いかもしれませんが、ひとつひとつの「やるべきこと」について段取りする必要はありません。

たとえば、ぼくたちの仕事だと、プロダクトのデザインでも鉄道のブランディングデザインでもパッケージのデザインでも、かならずと言っていいほど、撮影という「やるべきこと」がついてまわります。つまり、ここは「ルーティン」なのです。

カメラマンのスケジュールを押さえる→被写体の準備をする→ロケ地の決定→使用許諾を取る→当日の天気予報の確認→移動の車の手配→仕出し弁当の手配……

このように、撮影でやるべきことはいつも同じなので、その都度考える必要はありません。段取り表をつくっておけば、その後はいちいち段取りをしなくてすむし、何より抜けや間違いが減ります。失敗がなくなり、仕事の精度が上がります。

また、「締め切り」と「プレ締め切り」にもパターンがあるはずです。

たとえば、いつも月末に会議があるクライアントと仕事をしているなら、3週目の終わりまでにラフデザインを提出するというのはパターン化できます。

相手によって締め切りにもパターンがあります。

「A社は、担当者が『この案でOK』と言っても、締め切り直前に『部長に決裁を仰いだらやり直しになってしまって……』といつも連絡してくる」という場合は、「締め切りの10日前に完成させ、3日で担当者に部長の決裁をとってもらい、変更を含めて7日で仕上げる」という段取りにすればいいのです。これもややこしく思えて、パターン化できる部分です。

仕事の精度を上げていくために、段取り表をつくりましょう。「スケジュールを制する者は仕事を制す」のです。

とはいえ、段取り表は「スケジュール」というよりも**「タスク表」**に近いもの。「やるべきこと」に日付をつけたものであり、「スケジュール」にこだわりすぎてはいけません。

段取り表とは絶対のものではなく、実行しながらつくり変えていくものです。

相鉄でも、「駅舎を変えるには、そこに置いてある自販機まで含めてカラーコーディネートしないと意味がない」といったことを思いついたら、それも途中から組み込みました。こうした柔軟性と、かっちりしたルーティンの組み合わせで、期日どおりに質の高い仕事を実行していきましょう。

CHAPTER 4

脳内に「空白をつくる」ために段取りをしよう

1

段取りが大切であるほんとうの理由

思考はすべて脳の外に出しておく

CHAPTER 3では主に、時間の大切さとスケジュールの話をしてきました。プロジェクト全体のスケジュールがわかれば、今日やるべきことも見えてきます。

ここでは「1日のやるべきことをどう管理すべきか」という話をしましょう。

なるべくストレスなく、早く仕事を進めるコツは「自分の頭の中に思考を入れておかない」ということです。

「やること」や「思いついたこと」などは、すべて脳の外に出してしまいましょう。頭の中がごちゃごちゃで「あれもやらなきゃ、これもやらなきゃ」などと考えている人は、目の前の仕事がなかなか進みません。頭の中に思考があふれてしまい、逆に動けなくなってしまうのです。

思考を脳の外に出す。具体的には「紙に書く」「スマホに入力する」「人に振る」、この3つです。

①紙に書く

今はスタッフがマネジメントをしてくれるので、自分でやることを管理することはなくなりました。しかし、ひとりで仕事をやっていたときは、ありとあらゆることを「やることリスト」にしていました。毎日A4サイズの紙で5枚くらいはリストがあったでしょうか。**請求書の作成から税金の支払いまで、すべて書いておきました。**

紙に書いておいたおかげで、やることはたくさんありましたが、自分の頭の中には「やるべきこと」はひとつもなかったのです。「紙に書く」なんてあたりまえのような話ですが、実はストレスを減らすためにはとても有効なのです。

②スマホに入力する

「あとで読んでおこう」と思った記事やアイデアはメールの下書きに入力したり、LINEで自分だけに送ったりします。

ちなみに**ぼくのメールボックスには今、279件の下書きがたまっています。**そこには、ありとあらゆるインプットやアイデアが詰まっています。

飲みに行ってみたい店、スタッフの性格の分類、妻が息子のためにつくった「おへそ探検隊」という歌の歌詞……。

これらは段取りの準備でもあり、同時にセンスにも必要な「知識のインプット」です。ネタ帳であり、思考の材料でもあります。

③人に振る

これは今の立場になったからできることかもしれませんが、新しい案件が入ると、まずはスタッフやプロデューサーに渡してしまいます。

クライアントと会ってお話しする中で「今度はこれをお願いしたいな」「これ、ちょっと考えておいてもらえませんか」と言われたら、すぐに「こういう話があって、こう言われたよ」ということをメールするのです。

知り合いとＬＩＮＥでやりとりする中で決まった仕事はそのままそのやりとりのスクリーンショットを送るときもあります。

こうして**思考を「外部化」しておくと自分の中に残らないので、ストレスも減り、アイデアも出やすくなります。**よく「ストレスはないんですか？」「頭がパニックになったりしないんですか？」と聞かれますが、ぼくはストレスを感じないのではなくて、感じないような仕組みをつくっているだけなのです。

「段取りをよくする」とは「空白をつくる」こと

クリエイティブディレクターというと、いろんな案件を抱えて「あれはどうしよう？これはどうしよう？」「このデザインやらなきゃ。ああ、あの件はクライアントともめている……」などと忙しそうにしているイメージがあるかもしれません。

しかし、そうやってバタバタして、頭の中がパニックになっていては、いいアイデアは生まれません。そうではなく、つねに頭の中に「空白」をつくっておくことが大切なのです。

「段取りをよくする」とは、いろんな定義があるでしょうが、いちばん大きいのは「空白をつくる」ことです。いかに空白をつくるかが、仕事の成否を決めます。**ぼくが準備を万全にしたり、あらゆる段取りを整えたりするのは、すべてこの「空白」をつくるためなのです。**

ぼくの頭の中は、まっさらのノートのように何もありません。だからこそ、たとえば「東京ショコラファクトリー」の打ち合わせになったら、テレビをパッとつけるように東京ショコラファクトリーのアイデアが脳内で生まれはじめるのです。いつもからっぽの状態でいるようにしているからこそ、新しい発想が湧き出てきます。

頭の中が「真っ白け」だからこそ、いくらでも考えられます。

ノートが真っ白だから、いくらでも描くことができる。考えるときに、そのときだけパレットを開いて描くのです。描いたら、それをスタッフや取引先などに渡してしまいます。だから、つねにノートは真っ白です。

小山薫堂さんも、打ち合わせに臨むときは準備しすぎない、と聞いたことがあります。いつも「手ぶら」。悪く言えば「何も考えていない」となりかねませんが、**大きな「空白」をつくってあるからこそ、その場ですごいアイデアを出せるのでしょう。**ぼくはそのやり方をマネしています。

薫堂さんからよく聞くワードが「そういえば」です。彼は打ち合わせや会議で話を聞くとすぐに「あ、そうそう」「あ、そういえば」と言う。そこから思いもよらないアイデアが出てきます。

これは「あれも言おう。これも言おう」と事前に準備しすぎてしまってはできません。頭に詰め込みすぎてしまうとアイデアは生まれないのです。でも、それとは逆に、いつも「これは○○に使える」と頭の中や外に記録しておくことは大切です。

すべて準備しておくことで空白をつくれ

「空白をつくる」「真っ白な状態でいる」「何ももたない」。そうするためには、どうしたらいいでしょうか？

それは、**必要になりそうな材料は先にそろえておく**ことにつきます。つまり、あらゆる段取りをすませておくのです。

たとえば「現地を見ておく」という作業は、基本的に仕事がはじまる前にすませておきます。現地視察は非効率のように思えるのですが、やはり現地を見ていない仕事と見ている仕事とではアウトプットがぜんぜん違ってくるのです。

「フランダースリネン」の仕事をしたときも、仕事がはじまる前に自腹で現地を見に行きました。ベルギーのリネンの会社が、現地でとれる麻をブランド化して売りたいというプロジェクトでした。

そこでぼくは、現地の畑を見に行き、周辺の博物館なども見てまわりました。現地に行って温度を感じたおかげで、その仕事は今、すごくうまくいっています。

クライアントさんによっては「現地なんて見なくてもいいんじゃないですか?」と言われる方もいます。しかし、やはり見ていないとちょっと感覚がズレるのです。その場で体験してみないとわからない。人間の感覚はそれだけ鋭いものです。

建築家の妹島和世さんはこんなことを言っていました。「同じ6メートル×6メートルの部屋でも、壁の厚みが20センチなのか60センチなのかで、感じ方はぜんぜん違う。それくらい人間の感覚というのは繊細だ」と。

これだけネットなどでいろいろ情報が入る時代に、わざわざベルギーまで行くことは、段取りとしては遠回りのように見えますが、現地で多くのことをつかむことができれば結果的に早くなるし、うまくいくのです。

仕事がはじまってから、疑問や不安が生まれないように、ありったけの想像力・予測力を働かせて、あらゆる準備と段取りをすませておく。それが脳内に空白を生み、いい仕事を実現させるのです。

2

なるべく「ボール」をもたないようにする

つねに頭の中を「空白」にしておく

ぼくは多くの仕事をしていますが、いつもストレスはありませんし、心は軽やかです。それはつねに頭の中を「空白」に保つようにしているからです。だから多くの仕事をやってもパンクしませんし、つねに新しいアイデアを生み出すことができます。

よく仕事（ボール）を抱えこんでしまって「どうしよう……」と悩んでいる人がいます。ぼくは、なるべく自分でボールはもたないようにします。それが空白をつくり、仕事を早くする秘訣です。自分でボールをもち続けるのではなく、パスしたり、ときには捨てたりもします。

ボールをもっている時間をなるべく短くしようとすれば、必然的に仕事は早くなります。これはぼくの立場だからできることとは限りません。スタッフや部下の立場でもできます。印刷所やコピーライターさんなど外部の仕事相手に早めに相談したり、かんたんに終わる仕事ならさっさと終わらせたりすればいいでしょう。

「これやった？」と聞くと「やってません」と言うスタッフがいます。書家さんに文字を書いてもらう仕事でも「書家さんに頼んだ？」と言うと「まだ頼んでません」。「イラストレーターさんに頼んだ？」「まだ頼んでません」。それだとストレスもたまりますし、仕事はなかなか終わらないでしょう。

自分のところに仕事をためずに、どんどん人にボールをパスしていく。このイメージで進めるとどんどん仕事は早くなります。

完成度は低くてもいいから、かたちにする

すぐにボールをパスできるように、ぼくはスキマ時間に集中して仕事をすませます。

たとえば、クライアントが抱えている課題についてＬＩＮＥでやりとりしたら、その後に10分ほどですぐ文章をまとめて、スタッフに「これ企画書にまとめておいてくれる？」とボールを投げます。直前までテレビを見ていたとしても、思いついたらグッと集中して、たたき台をつくってしまうのです。

コツは、完成度の低い状態でいいからどんどん仕上げていくということ。**完璧を求めずに、ある程度かたちにしたらとにかく投げる。**

たとえば、なんとなくデザインの大枠が見えた段階で、細かいことはおいておいて印刷屋さんに一回概算見積もりを出してもらう。そのやりとりを何回かするのです。これは昔からそうでした。

こうしないと、そもそも「できるのかできないのか」が、わかりません。まずはいちばん理想の紙で見積もりを出してみる。それができないなら、アイデアの出し方も変わってきます。予算が１００万円なのに「３００万円」と言われたら「じゃあ全ページをモノクロにしたほうがいいかな」などと方向転換できる。そこを先にやるのです。

仕事が遅くなる大きな要因のひとつに「やり直し」や「ゼロベースで考える」というのがあるでしょう。ぼくらデザイン界隈でも多いのですが、このように完成度が低いままでも一回投げておけば、いきなりちゃぶ台返しになる可能性は低くなります。

もちろん、大きなクライアントさんになると、直接やりとりしている担当の方が決定権をもっていなかったりするのでやり直しになることもありますが、その担当者のちゃぶ台返しはなくなる。これだけでも効率はアップします。

一度に複数の案件のことを考えない

マルチタスクがいいとされ、一度に複数の案件をこなせる人が優秀という風潮がありま す。ぼくはそうは思いません。

しかし実際には、複数の案件が並行して動いています。相鉄の車両デザインをしながら、焼酎の蔵元のデザインを手がけつつ、代官山の文房具店と大手スーパーと、和の小物のプロデュースをする……という具合です。

どのようにしているのか?

ぼくは「今日の午前中の時間ボックスに『相鉄の制服について考える』というコマを入れた」という場合、午前中は、**他のことはいっさい忘れて、相鉄の制服について「だけ」を考えます。**

その間、「ああ、あの蔵元のパッケージはこんな感じがいいかな」と別の仕事について思い浮かぶのは雑念とみなし、ひたすら「相鉄の制服」に集中する。そして、別のコマが入っている時間になったら、「相鉄の制服」についてはパッと忘れてしまいます。これはぼくが不器用で、複数のことを考えていると集中できないせいでもあります。

学校に行っていた頃、授業は時間割で区切られていました。みんな体育の時間に国語については考えなかったし、たとえ必死に理科の実験をしていても、チャイムが鳴ればパッと音楽の時間に切り替えて合唱をしていたはずです。これと同じことを、仕事についても行なえばいいのです。

問題は、学校と違って会社では、電話がかかって来たり、「これはどうなっている？」と上司に声をかけられたりして中断が入ること。

電話や上司は「邪魔者」ではなく、仕事の一部なので受け入れるしかありません。外的要素はやむを得ないから、せめて自分の中では「一度にひとつの仕事に集中する」というルールをつくりましょう。

また、「今日はほんとうに集中したい」というときは、思い切ってカフェなどに場所を移動するなどの工夫も考えてみましょう。

「マルチタスクをこなす」というのは「同時に仕事をこなす」という意味ではなく「ひとつの仕事に集中し、他の仕事に移っていくこと」なのです。

集中できる環境は自分でつくる

ぼくの集中力というのは、あきれるほどわがままで、集中できる環境をつくってあげないと、さっぱり姿を現してくれません。そこで「自分の集中できる環境」というのを経験から導き出し、整えることにしています。

ぼくの場合は「音」があると集中力が削がれます。音楽を聴きながら仕事をする人がいますが、ぼくには邪魔な音でしかないし、好きな歌手だとつい歌ってしまいます。そこで「無音」を求めて、自宅で朝早く仕事をしたりします。

集中できる環境は人それぞれ。逆にうるさいほうが集中できる人もいるでしょう。

１００％は不可能ですが、ここぞというときは自分のために、集中できる環境を確保してもいいのではないでしょうか。

周囲に対して「結界」を張るくらい、マイベストな環境をつくりましょう。

自分が集中できる環境を整える。そのためになるべく仕事が中断しないようにあらかじめ、あらゆる準備をすませておきます。

たとえばぼくは、**あらゆる場所にiPhoneの充電器を用意してあります**。会社であれば、打ち合わせ室、自分の部屋、作業をする席。家であればリビング、寝室。ぼくの周りは、あらゆるところにモバイルバッテリーがあるのです。

頻繁にiPhoneを使うので、途中で電池が切れると仕事に支障が出ます。よって、あらゆる場所で充電ができるようにしておき、つねにiPhoneが使える状態を保っているのです。

たまたま今はバッテリーですが、そのうち違うツールだらけになるかもしれません。人によってはペンがあちこちに置いてあると便利かもしれません。

大切なのは「バッテリーだらけにする」ということではなく、仕事の流れをスムーズにして効率化するために、少し思い切った仕組みをつくることです。自分にとって最高の環境を模索してみましょう。

もうちょっと粘ればいいアイデアが出る……なんてことはない

「13時から15時まで集中して考えよう」と思っていても、飽きて別のことを考えはじめてしまう。そういう「気分との闘い」はぼくにもあります。

そういうときは「2時間こもります」と宣言して静かな空間に行って集中します。

逆に「15時になって気分が乗ってきたから17時までやってしまった」というようなことはありません。「もうちょっと粘ればいいのが出るんじゃないか」ということはないのです。これは個性だと思うのですが、そういう考え方は「ギャンブル的」で好きではないのです。

デザインやアイデアには「答えがある」と思っていますし、「締め切りが完成」だと思っています。**気分が乗ってきたからといって、時間を延長してしまうと、別の案件に影響があります**。よって「15時まで」と決めたら15時まで仕事を進め、パッと頭を切り替える。そのほうが長い目で見て効率的なのです。

3 生産性をマックスにするための打ち合わせ

その場でかならず1案。あとで思いついたら「2案目」

どんどんかたちにするために、**打ち合わせの「その場で」アイデアを出していく**ことも心がけています。

福井県に漆琳堂《しつりんどう》さんという漆の会社があります。そこで新しいブランドを立ち上げるプロジェクトの相談がありました。

打ち合わせの席でぼくは、その場で「こういうネーミングはどうですか?」と紙に書いて話していきました。いいか悪いかはおいといて、どんどん提案していく。2日にわたって、合計で10時間以上は話していたでしょうか。すると、お互いに「こういう方向性がいいんじゃないか」という大枠が見えてきました。

アイデア出しは「その場で」というのがポイントです。

打ち合わせで取材をして「なんとなくわかりました。じゃあ一回もって帰ります」ということはしない。あらためてプレゼンしようとすると時間もかかるし、熱も冷めてしまうからです。**その場で話をしながら、どんどんアップデートしていって、方向性を見つける。**これが早さの秘訣です。

「いや、私はひとりじゃないといい案が出ない」という人もいるかもしれません。もしくは「あとで考えてみたら、やっぱ違うな……」ということもあるかもしれません。でも、その場合は「2案になる」と考えればいいのです。

まずは、打ち合わせではひとつは案を出す。あとでもうひとつ案が出てきたら「もっといい案ができたんですよ！」と言えばいいのです。

必要があれば打ち合わせの途中でメールをすることもあります。

福井の鯖江市長にお会いしたとき、「鯖江を盛り上げるにはどうすればいいですかね？」と聞かれました。ぼくは「『鯖江市といえばメガネ』という認知はもう広まっているので、次は漆器ですよ」と答えました。

鯖江がメガネの街という認識はすでにある。しかし「じゃあ遊びに行こう」と人びとは思いません。よって、漆器も打ち出していってはどうかと提案したのです。さらには「北陸の工芸をぜんぶ集めて『北陸工芸村』みたいなのをつくってはどうですか?」と子どもの思いつきみたいなことを言いました。

さらに、福井には酒蔵が多くあるという話になりました。

そこでぼくは中田英寿さんを思い出したのです。彼は今、日本酒を盛り上げています。その場で彼にメールを送りました。「鯖江市でお酒のイベントやったことある?」。すると「ないです」とさっそく返事が。「鯖江市長と何かやりたいですね、って話をしてるんだけど、興味ある?」と送ると「またじゃあ話しましょう」ということになりました。

なるべく宿題を残さないように、その場で答えが出せるように、電話やメール、LINEなどを駆使することも、仕事を早くするコツです。

早い返事がいい仕事につながる

ぼくはほとんどの仕事をその場で処理してしまいます。まず、自分の範囲は終わらせてしまうのです。**「寝かせておく」ということはまずありません。**というよりも、耐えきれないのです。これは仕事に限らず、銀行や役所などの手続きでも同じです。連絡が来た瞬間に返事を出す。だから「お返事お早いですね」などと毎回言われます。

メールをいただくと、なるべくすぐにお返事をします。すぐに終わりそうなちょっとしたデザインであれば、パパッと作業して送ってしまうこともあります。その間30分ほどです。

こうして返事を早くしたり、すぐに仕事を片づけたりしていると「じゃあ、これもお願いしようかな」というように仕事は増えます。そこをデメリットととらえるかどうかです。

ぼくが会社員だったら「仕事が増えてしまうから、もうちょっとゆっくりやろう」という発想が生まれていたかもしれません。しかし、独立して会社をやっているぼくにとって「仕事が来ることはよろこび」なのです。早くやるほど、次の仕事がいただけて、どんどん大きなお仕事ももらえるようになる。だから段取りが大切なのです。

でも実は、会社員も同じで、仕事が早い人は評価され、どんどん出世していきます。段取りがいい人は早く仕事が終わるので、どんどん仕事を任されるようになります。段取りが悪い人は、段取りのいい人に仕事を取られていきます。

なぜ、この時代に段取りの本が必要なのか。

それは、残業することが難しくなったことで**「同じ勤務時間の中で、どれだけのパフォーマンスを上げられるか」で、評価が決まる**からです。昔なら、多少段取りが悪くても、残業をすれば、そのぶんを挽回できたでしょう。でも、その挽回がしづらい時代になった。「気合いでどうにかする」ことができなくなったのです。「睡眠時間を削ってどうにかする」というようなことができない世の中になったからこそ、余計に段取りというものが大切になってくるのです。

CHAPTER 5
目的地までチームで動こう

1

「チーム」を超えて「仲間関係」をつくろう

「ひとりの段取り」と「チームの段取り」

自分ひとりで仕事を進めるための段取りであれば、わりとシンプルです。しかし、ほとんどのプロジェクトは、もうひとつの要素が必要となります。

すなわち「チームでの段取り」です。

今は働き方が多様化し、社内外でチームをつくるという動きも増えています。

そこで、CHAPTER 5 では「チームの段取り」について述べていきます。ひとりでもがくのではなく、人を巻き込んで大きく仕事を動かしていく。これも新しい時代の段取りの大事な要素です。

わが社のプロデューサーでありぼくの妻である水野由紀子は、会社にもぼく個人にもなくてはならない存在ですが、段取りにかけても相当なスゴ腕です。

帰りのタクシーに乗ったと同時に、支払いのためのスマホと家の鍵を握っているのはあたりまえ。ぼくよりも彼女のほうが段取りについて多くを書けるかもしれないと思うほどです。

彼女の前職はテレビ局員で、毎日が「時間内に膨大なやるべきことをこなす修業」みたいな状態だったから、自然と身についたのかもしれません。

結婚する前、彼女が仲よさそうに電話をしている相手が駐車場のおじさんだと知って、驚いたことがあります。

聞けば、タレント事務所の人が「駐車場内のいいところに停めさせてほしい」と言ってくるそうです。出演者に時間どおりに気分よくスタジオに入ってもらうのがスタッフの仕事であれば、ちょっぴり**わがままなリクエストにも対応するために、いつでも駐車場のおじさんにお願いできる関係があるほうがいい。**新人のころから何かとお菓子や飲み物を差し入れたりしていた妻は、駐車場のおじさんとすっかり親しくなっていたのです。

最近、この話を思い出して、まさに仕事のための段取りだなあと感じました。

「この番組のための段取り」とか「このタレントさんのための手配」ではなく、駐車場の融通をきかせるというのは、どんな番組でも必要です。

つまり、ひとつの関係性をつくったことで、仕事が効率化するのです。こうして駐車場のおじさんも「自分のチームの一員」とすることで、仕事をパワーアップさせていたのではないかと感じます。

酒を酌み交わして「仲間」になる

プロジェクトには社内外のさまざまな職種の人が参画します。当然それぞれの立場があって、価値観もみんな違います。よって、チームで動いていくときにはすれ違いやトラブルはつきものです。

ぼくらはこれまでいろいろなプロジェクトを経験してきましたが、そういったすれ違いやトラブルはほぼ起きません。それは**早い段階で「生身のコミュニケーション」をとっているから**です。

クリエイティブディレクターというのは、下請け業でもあり、「先生」と呼ばれることもある、ちょっと変わった立場です。

クライアントの担当者は、ぼくのような立ち位置の人間に慣れていますが、実際の工事をしてくれる現場の人たちは、やりにくそうにしていることも多々あります。

2004年、山形県の「湯野浜温泉　亀や」の内装を手がけたときもそうでした。地元の工務店の大工さんたちから見たら、14年前のぼくは東京から来た若造です。

「クリエイティブディレクター？　なんだこいつ。大丈夫か」

内心ではそう思いながら、「先生」ととりあえず呼んでいるようなぎこちない関係。ぼくの提案に対しても、「何言ってんだ、そんなものできない」「東京の先生の言うことは、難しくてわかんねえや」などと、にべもなく断られることがしばしばでした。

とうとう工事が止まってしまったとき、ぼくは酒屋で調達した一升瓶を2本抱えて、大工さんたちが休憩する仮設のプレハブに行きました。

「お疲れさまです！　飲みませんか」

腹を割って話して、生身のコミュニケーションをとり、仲間になる。そこからはじめなければだめだと考えての苦肉の策でしたが、とことん飲んだ翌日から、仕事はうまくいきはじめたのです。

馬場康夫さんの『「エンタメ」の夜明け』によれば、ディズニーランドをつくる際の最後の難関は、浦安の漁師さんたちに納得して土地を譲っていただくこと。そこで呼ばれたのが、当時三井物産でいちばん肝臓が強い人だった、と書いてありましたが、プロジェクトを進行していくうえで、そういう泥臭い要素はゼロではないと思います。

決して「お酒」が必要だという話ではありません。**自分をさらけだした、人間臭い、生身のコミュニケーションがなければ生まれない信頼関係もある、**ということです。

気心の知れない人間に対して、「目的に向かって、一緒に仕事をやりとげよう」と真剣に思ってくれる人はいません。

まずは「人と人」としてしっかりコミュニケーションをとることで、結果的にお互いのモチベーションが高まり、目的を確認し、同じ方向を向くことができる。このプロセスなくして、チームの段取りは成立しません。

だからこそ、仕事の立ち上げ時に飲み会や食事会をする際に、ぼくは**仕事の話をしない**ことにしています。相鉄のプロジェクトでも、車両のプロ、塗装のプロ、線路のプロ、いろいろな人たちと飲みに行きましたし、朝までカラオケもしましたが、単に盛り上がって楽しんだだけでした。

段取りとは、仕事の効率化を求めるもので、ルーティン化や何よりも時間を優先するといったテクニカルな作業です。しかし、テクニックだけで人間関係を抜きにしたらうまく機能しません。チームでやっていくのであれば、これだけは忘れてはならないと思っています。

チーム内の「上下関係」を排除する

チームで仕事をするときに何よりも重要なのは、「仕事の目的」を優先すること。「この仕事で何をやるか」が大切です。

これはあたりまえのことに思えるかもしれませんが、案外難しいものです。

社内のチームであれば、役職や年齢などの「上下関係」、部署と部署の「利害関係」が、仕事の目的よりも優先されてしまうことがあるでしょう。

社外の人とチームを組む場合は「発注側と受注側」という上下関係が生じてしまうのです。ぼくもいってみれば、「その会社のプロジェクトの下請け」です。

ところが実際のところ、クリエイティブディレクターは「先生」などと呼ばれ、「お願いします」と言われる立場におかれがちで、これもある種の上下関係に思えて、居心地が悪くなります。居心地が悪いばかりか、**「発注側と受注側」という関係性をもち込んでしまうと、仕事の目的を果たせなくなります。**

仮にクライアントが、「うちの会社の認知度を上げるために、イメージキャラクターをつくってほしい。そうだな、くまモンみたいなかんじで、うさぎピョンというのを頼みますよ」と言ってきたとします。

そこに発注側と受注側という関係性をもち込んでしまうと、「はい、うさぎピョン、よろこんで！　さっそくデザイン案をつくってプレゼンをします」という段取りになってしまいます。何も考えず、いきなり「お願いされたことを、いつまでにやる」というスケジューリングに集中してしまうのです。しかしキャラクターで会社の認知度がベストのかたちで上がる結果となるかといえば、違うでしょう。

逆にぼくが「先生だぞ俺は。俺のセンスに従え」と独りよがりな押し付けをしたら、「デザインはおもしろいけれど、誰にも受け入れられない」という奇妙なものをつくってしまう可能性もあります。

いずれもチームとして機能していない、最悪のケースです。

極端な例を出しましたが、どんな会社のどんな小さなチームでも、似たようなことが行なわれている気がします。

チームでいちばんえらい人が「これをやろう」と言ったからといって、いきなり段取りに入ってはいけない。

チームの関係性に気をつかって、「反対したら気まずくなるかもしれない」と、目的を歪めてはいけない。

同じ会社であろうとなかろうと、役職が上だろうと下だろうと、業種が同じであろうとなかろうと、「チームの仕事の目的」を共有しなければなりません。

チームだと役割分担といったことも必要になるので、つい、段取りを優先しがちです。しかし、目的の共有ができていない段取りは、間違った場所にたどりつくルートマップにしかなりません。

2

チーム全体で同じ方向を向くために

「チームで仕事を進める」とは「約束を果たすこと」である

チームで仕事をしていくときは、たくさんの「約束」が生じます。

「これを、いつまでに、やってほしい」というリクエストをメンバーひとりひとりが交わし、それを果たしていって初めてチームが機能します。

仕事とは、もっといえばすべてのものごととは、何か約束をして、そこに向かって歩いていくことだとぼくは思います。

「これを／いつまでに／やりとげる」という約束を果たすためのベストな道をつくることが、段取りといってもいいでしょう。

つまり段取りというのは、ものごとと人との間にあるわけではなく、「人と人の間」に存在しているのです。これを大前提として、押さえておきましょう。

先に述べたとおり、締め切りを確認せず、なんとなく仕事を進めるクセがある人は案外多いようです。もう一度、「これは締め切りではなく、チームを組んでいる人たちとの、人と人との約束だ」と意識するといいでしょう。

ぼくの会社のスタッフにも、締め切りをあいまいにしてしまう人がいました。クライアントさんに、「何月何日の何時までに、ラフデザインをご提案します」と伝える、ただこれだけのことができないのです。いきなり、「できました」と提案したり、相手から催促されて「えっ、まだできていません」と慌てたりしていたのです。

そんな彼らもプライベートではちゃんと約束を守っているのですから、意識をスイッチすればすぐに改善されます。

「友だちとご飯を食べに行こうと話していた数日後、『俺は今、渋谷の焼肉屋にいるんだけど、なんでおまえ来ないの?』なんて、いきなりＬＩＮＥが来たらどうする？　『え、どういうこと？　約束してないよね』ってなるじゃない。締め切りを決めないって、今仕事においてそういうことをやろうとしているんだよ」

ぼくはこんなふうに話すのですが、みんなすぐにわかってくれます。

締め切りに限らず、チームでは繰り返し、約束ごとの確認を行ないましょう。**「仕事ではなく、人と人との約束だ」という意識**で進めることが大切です。

「共有」で仕事の精度を上げていく

チームで仕事をしているのに、なぜか仕事を抱え込んでしまう人がいます。

たとえば、「できているの?」と聞いてもはっきり答えなかったり、「大変だったら手伝おうか?」と聞いても、「大丈夫です」とひとりでがんばったりします。

ぼくが思うに、仕事を抱え込む理由は2つあります。

ひとつは、自信があるから。

もうひとつは否定されたくないから。

自信をもっている人は、「これが絶対に正しい」と信じているので、相談する必要がないと思っています。迷わず、相談せず、かといって自分で検証もせず、サクサク段取りをして独りよがりに突き進んでいきます。

否定されたくない人は、たぶん自信がないのだと思います。

自分の仕事を途中で誰かに見せて、「これ、間違ってるよ」などと指摘されると、自分という存在が否定されたようで傷ついてしまうし、弱みを見せたくないという思いもあるのでしょう。

いずれのタイプも、取り返しがつかない時点でミスが発覚し、チーム全体に迷惑をかける危険をはらんでいます。

ぼくはスタッフにいつも、「あんまり自信をもたないで。自信がないほうが、いい仕事ができるよ」と話しています。

自信があってもなくても仕事を抱え込む原因となりますが、過信している人は、仕事のスピードも速いので、間違った方向にいっていた場合は被害が大きくなるためです。

ちまたでは「自分を信じろ」とか「根拠のない自信が大事だ」などと言われていますが、絶対的に正しい人は誰もいないというのがぼくの考えです。

「みんな間違うこともある」くらいの気構えで、オープンに仕事をしていく。お互いに自信という鎧で自分を防御していないほうが、チームとして協力できます。

仕事はスタートするときにも実行するときにも、できるだけたくさんの人を巻き込んでいくことが大切です。そのためには、**ちっぽけなプライドや自信は、いらないどころか邪魔**だと思うのです。

3

本音のコミュニケーションがチームを円滑にする

段取りでも「忖度」しない

「空気を読まない」「本音で語る」というのは、段取りにおいてすごく大切です。「うーん、それおかしいな」「言ってる意味がよくわからないな」と思ったら、きちんとその場で聞く。すると間違いやり直しはなくなります。

できないと思ったら「できない」と言うことも大切です。

ぼくは1社目の会社を8ヶ月で退社しました。2社目は業界では有名なドラフトという会社でした。そこで最初に任された仕事が、56ページのパンフレットのデザインでした。56ページというのはけっこうなページ数で、たった8ヶ月しか経験のない新卒の子ができる量ではありません。それでもコピーライターとのやりとりから印刷会社さんとのやりとりまでをほぼひとりで任されたのです。

毎日徹夜しても終わりませんでした。そこである先輩にこう言われたのです。「できないんだったら、できないって言えよ」と。

このときの経験が、ぼくの中では大きいのです。「できないと言え」と言われたときに

「ほんとそうだよな」と思いました。なぜもっと早い段階で「できない」と言わなかったのだろう……。おそらくそれは「自分をよく見せたい」という思いによるものでしょう。つまり、仕事のことを考えていなかった。**「自分の見え方」を優先してしまっていた**のです。

もうひとつは「できないような仕事を上司が振ってくることはない」という思い込みです。今上司という立場になってわかりますが、たくさんいる部下について「各自が今どのくらい仕事を抱えていて、どのくらいの量を渡して、どれくらいの処理速度でできるか」を完璧に把握している上司はほとんどいないでしょう。よって、**部下やスタッフはできないときには「できない」と言う必要がある**のです。

「いつまでにやるか」を把握しているか

急ぎの案件で「これやっておいてね」と部下やスタッフに言ったのに、1日放置された挙げ句、「すいません。ちょっと今日忙しくて……」とあとから言われる。そんな経験はないでしょうか?

ぼくが新人の頃は、何かを頼まれたら**「いつまでにやればいいですか?」**と聞き返していました。もしくは「いついつまでならできます」という言い方をしていました。たとえば「本屋で資料買ってきて！」「あ、撮影用の牛乳買ってきて！」「鉄道の写真撮ってきて！」と言われたとき、ぼくはこう答えます。「同時にはできません。牛乳はいつ必要ですか？鉄道の写真は明日なら撮りに行けます」と。

仕事を頼むほうも、頼まれるほうも、この「いつまでに」を見落としがちなのです。

追加の仕事が入ったら、すぐに手をつけるかどうかを考えます。すぐやるべきか、あとでもいいかを判断する。その時間がとても大切です。その判断ができないのであれば、聞きます。すぐに終わるような仕事であっても、今やらなくてもいいような仕事ならあとに回します。

新しい仕事を頼まれると、すぐにやろうとする人がいます。「ちょっと本を買ってきてくれる？」と言われたときに「はい！」と言ってすぐ動く。一見いいように思えますが、すぐに対応していると今やっている仕事は後回しになるので段取りが崩れていきます。

すぐにできるような仕事であっても「いつまでにやればいいですか？」と聞く。そこで

「今すぐ」と言われればやればいい。もしくは自分が今動けないのなら、「では○○くんに頼んでいいですか」と答えてもいいでしょう。考える前にすぐ動こうとするクセは直したほうがいいかもしれません。

4

段取りをスムーズにするリーダーのひと工夫

「所要時間」を添えて指示を出す

ぼくは仕事を振るときに**「これ○分でできるから」と絶対に所要時間を添えて指示を出します。**これは「○分でやれるレベルでいいよ」という意味でもあります。

たとえば「10分で」と言ったら「かんたんでいいから調べる」「ざっくりつくる」ということだし、「5時間くらいかかるからね」と言ったら、きちんとやるということです。その時間内に終わらない場合は、やり方がおかしいか、求めていない精度で異常に細かくやってしまっているのです。

たとえば、「カレーライスをつくって」というオーダーがあったとしても「10分でつくるレトルトカレー」なのか「2日ほど煮込む手間のかかるカレーライス」なのかわかりません。だからこそ、指示をされる側は「どれくらいでやりますか?」と聞くべきだし、指示を出す側は「○分でやって」と言うべきなのです。

時間に限らず、**「数字で考える」というのは習慣**になっています。ふだんからものごとを考えるときに、市場の規模感や売上はいくらくらいになるのかなど、数字や金額で考えるのです。

デザインはビジュアルに数字が絡みます。ここが○ミリでここは○センチなど、数字がかならず入ってくる。そう考えると「デザイン的な思考」であらゆるものを見ているのかもしれません。

スタッフにアドバイスするときも「がんばろう」というようなぼんやりした言い方はしません。「○年後にこうなっていられるようにしよう」「新人賞を○歳でとりたいじゃん」「おまえだったらあと○年でできるようになるよ。そのためにはこれをやったほうがいいよ」という言い方をします。

ビジュアルで想像させながら、具体的な数字で示す。すると人は明確に進み方がわかり、動けるようになるのです。

「相談」で仕事の効率を上げていく

グッドデザインカンパニーは、効率的に動くためにいろんな策を講じています。その方策のひとつが、「相談」を増やすことです。

かつてはひとりひとりのスタッフの自主性に任せて、「考えてごらん」と言ってしばらくそのままにしていました。それでスタッフがサボるということはなかったし、みんながんばっていたのですが、間違った方向に進んでいたり、段取りがおかしかったりしてもそのまま放置していたので、やり直しがたくさん生じていました。

そこで**もうちょっと短いスパンで「どんな感じ? 見せてごらん」と、相談の時間を仕事のルーティンとして段取りに組み込んだ**のです。

「ここに迷っていて」とか「締め切り、確認していませんでした」ということがスタッフからの相談によってわかり、その場でアドバイスできるので、仕事の効率は上がっていきました。

相談と言っても、あまりに上司がコントロールしてしまうと本人のやる気がなくなってしまいます。目標をしっかりと共有したうえで、ポイントごとに確認していくというやり方がいいと思っています。

ぼくは経営者であり上司の立場ですが、部下の側からも、どんどん相談をしたほうが仕事の効率は上がると思っています。そうすれば「やるべきこと」や「所要時間」「締め切り」などの検証ができますし、予測の精度も上がっていきます。

ぼくが若くて駆け出しの頃、「絶対これがいいのに」という案を出しても、かならず「やり直してくれ」というクライアントを担当したことがありました。その頃からかなり準備をしていましたし、段取りを組んでいましたから、毎回やり直しになると無駄が多いのです。何より、ベストだと考えた案が、納得できる根拠もなく毎回やり直しになるのは困りました。

そこでぼくがとった作戦は、まめに相談や報告をすること。

準備として何か知識をインプットしたら、「こんなことがわかりました」と伝え、何か想像して「こうだな」と仮説ができたら「間違っていますかね？」と相談する。

そうやってやるべきことを把握する作業も予測する作業も、クライアントと一緒にやるのです。こうなると、クライアントは完全にぼくの側に巻き込まれています。

そこで出てきた案であれば、「自分ごと」ですから、根拠もなく否定したりできなくなります。**「水野くんじゃなくて、私が考えたようなものじゃない？」と言われるくらいでちょうどいい**と思っていました。


この要領で、上司ばかりでなく、クライアントを巻き込んでいくと、仕事はやりやすくなります。企画やデザイン案だけではなく、段取りそのものも巻き込みながらつくっていくということです。


「このプロジェクトでやるべきことは、AからHまでだと思いますが、Jくらいまでカバーしておいたほうがいいでしょうか？　ご意見を伺えますか」

こんなふうに相談して、「やるべきこと」の把握を上司やクライアントと一緒に行なう。

「課長、この仕事はだいたい1週間かかると思うのですが、この見通しだと甘いでしょうか？」

「このミーティングの資料は3日前に仕上げて部長の決裁を仰ぐつもりですが、それで間に合いますか？」

所要時間を把握したり、時間ボックスにやるべきことを入れていったり、仕事の方向性がそれで正しいかを検証したりする作業も、上司やクライアントと一緒にやる。

仕事の段取りでいちばん大切なのが、最終的に決裁権のある人と、ものごとを共有することですから、相談を活用すると仕事がうまくいく確率は飛躍的に高まります。

チームにおいて、あなたがプレイヤーの立場であれば抱え込まずに、どんどん相談すること。上司の立場であれば、「任せる上司が好かれる」などという思い込みは捨てて、積極的に介入していくこと。

上司であろうと部下であろうと、完璧でない者どうしが力を合わせて、限りなく完璧に近い仕事をやりとげる。これが正しい段取りなのです。

「この案を通したい」というのはエゴである

最後にひとつ。

このように「相談しながら進める」と、自分の行きたい方向に進めなくなるんじゃないか、と心配する人もいます。

ほんとうはAの方向性がいいと思っていても「AじゃなくてBでお願いします」とクライアントに言われたとしましょう。ぼくはそこでどうするでしょうか？　決して、相手に言われたとおりにやるということはありません。

まず、なぜ「BではなくAがいいのか」という明確な理由を見つけて論理的に説明します。この**「自分が思っていることを、ぜんぶ伝える」というプロセスをめんどうくさがってはいけません。**なぜそう思ったのかをきちんと考える。そのためには言語化する訓練を日頃から積んでおくといいでしょう。

うちの会社では「なんとなくいいと思いました」と言うことを禁止しています。すべて言語化してもらう。「なんとなくカッコいい」ではなく「都会の洗練された感じがカッコよく、今回のプロジェクトの方向性にも合っていていい」など、なるべく説明をするようにしています。

このようにていねいに説明するのは、ぼくがどうしても「A」を通したいと思っているからではありません。「通したい」というのは単なるエゴです。ぼくには「通したい案」というものはないのです。

「自分がいいと思うもの」というよりも「どっちが正解なのか」しか考えません。

「自分」よりも「仕事」が上にあるからです。どっちのほうがこのプロジェクトにとってプラスなのか。そこを最優先します。

よって、ぼくが意見を曲げるときは「そっちのほうがうまくいく」と思ったときです。「売れない」「うまくいかない」と思っているのに曲げることはありません。

おわりに　あなたの仕事が、人びとを幸せにする

本書では、質の高い仕事を早く進めるための「段取り」についてお話ししてきました。
そのなかでも、段取りにおいて何がいちばん大切か?
そう聞かれたらぼくは「想像することだ」と答えるでしょう。

A案とB案、どちらにするか?

そのときにぼくはありったけの想像力を働かせます。

「ここでAを選んだら10年後はこうなる」
「Bを選んだらみんなはこう反応するはずだ」
「そもそもAでもBでもないのかもしれない……」

できる限りの想像力を駆使して、未来を思い描くのです。

くまモンを考えたときも「こんなキャラクターが熊本をPRしてくれたら楽しいだろうな」という想像をしました。頭の中では、くまモンが軽やかに踊っていて、子どもたちをよろこばせている絵がありありと浮かんでいました。

相鉄の車体の色を考えるときも、どういう色が「エレガント」で、かつ「安全、安心」なのかを考えました。まさに頭の中で電車を走らせ、沿線の人がハッピーになっているところを思い描いたのです。また、将来的に渋谷駅に乗り入れるのだから、電車の色は他の鉄道と似ていないほうがいいなということも考えました。

さまざまな時間帯、季節を考え、あらゆるシチュエーションを脳内でシミュレーションしながら、一歩一歩仕事を進めてきました。

どんなプロジェクトであっても、想像するときにつねに考えているのは「どうやったら世の中が少しでもよくなるか」ということです。

目の前の仕事がどう世の中をよくしていくのか?

仕事は、たったひとりのちょっとした思いや工夫でガラリと風景が変わります。

そして今、そういうことがかんたんに起きやすい時代になってきているとも思うのです。

ぼくは、今の時代は商いの作法が「江戸時代にタイムスリップしている」ように感じています。

これまでは企業があって、消費者がいて、そのあいだに広告代理店やテレビなどのマスメディアがあることで、間接的にマーケットを盛り上げていました。

しかしインターネット、特にSNSの台頭によって、「お客さん」と「企業」が直接コミュニケーションをはじめた。さらには「お客さん」と「つくり手」が直接対話をはじめたのです。

「これ、おいしいよ! 買っていかない?」「よさそうね。2つちょうだい」

「これ、安いよ！」「うーん、そうね。考えとくわ」

その光景はまさに、江戸時代における「商人と客」のやりとりそのものです。

江戸時代のビジネスモデルが、インターネットによってさらにパワーアップしている状況が今という時代なのではないか。

ひとりひとりが商品をよりよくする努力をし、素敵な「のれん」を掲げて、みんなで法被を着て、呼び込みのかけ声を考える。品ぞろえや陳列方法はどうするか？　お店や企業のみんながそういった細部まできちんとデザインする。

そんなことがとても重要な時代になってきているのです。

これからは「企業と人」ではなく「人と人」のコミュニケーションがとても重要になってきます。どこかの社員が放ったひとことがイメージを損ねることもあれば、「神対応」などといってイメージアップにつながることもある。

いい仕事をすれば、その影響が広がりやすい時代なのです。

ひとりの人間の力はちっぽけなのかもしれません。

しかし、ひとりの力がまわりに影響を与えて、世界は動きはじめます。

「バタフライエフェクト」という言葉があります。小さな蝶々が1匹羽ばたくだけで、連鎖的に、波状的に、世界が変わっていく。

蝶ですら影響を与えるのだから、人間が何かをすれば大きく世界が変わっていく可能性があるのです。


すべてのはじまりはひとりひとりの「想像」の力です。

ジョン・レノンは「イマジン」という名曲を遺《のこ》しました。

まさに仕事で大切なのは「イマジン」。想像することなのです。

今、目の前にある仕事を手を抜かずにやることで、どれだけの人がよろこぶだろうか？目の前の仕事にちょっとした工夫をすることで、どれだけの人を幸せにできるだろうか？

想像する力こそが、いい仕事をつくり出していくはずです。


段取りの本を書いてみませんか、とWORDSの竹村俊助さんから打診を受けたとき、とても重要なテーマだけれど、まとめる自信がない、と一度は答えました。でも終わってみれば、ぼく自身が、多くのことに気づかされました。

段取りとは、単に仕事を進めるための表面的なスキルではなく、自身の仕事への向き合い方まで変えてくれるものだということ。段取り次第で、仕事はますますおもしろくなるということ。根気よくおつき合いくださった竹村さんに、お礼を申し上げます。

編集の青木由美子さん、ダイヤモンド社の和田史子さんにも、たくさんのお力添えをいただきました。ほんとうにありがとうございました。

そして、原稿の種となるアイデアを山のように出してくれた妻。生意気を言いはじめたくせに、本屋さんに立ち寄ればぼくの本が売れているか心配してくれる息子。いつも楽しく仕事してくれるスタッフのみんなにも、あらためて、感謝を伝えたいと思います。

この本を手に取ってくださった方の毎日が、少しでも、より楽しく、充実したものになるなら、こんなにうれしいことはありません。

２０１８年10月

水野　学

〈著者関連制作物クレジット〉

口絵 1 上
相模鉄道 20000系車両写真 2018年 / 相模鉄道株式会社 / P:長島弘和

口絵 1 下
久原本家 茅乃舎 ロゴ、包材 2013年 / 株式会社 久原本家

口絵 2
熊本県PRキャラクター「©2010熊本県くまモン」 キャラクター 2010年 / 熊本県庁

口絵 3
TOKYO CHOCOLAT FACTORY ロゴ、パッケージ、包材 2018年 / 株式会社アイル

【著者】
水野 学（みずの・まなぶ）
good design company代表。クリエイティブディレクター、クリエイティブコンサルタント。ゼロからのブランドづくりをはじめ、ロゴ制作、商品企画、パッケージデザイン、インテリアデザイン、コンサルティングまでをトータルに手がける。おもな仕事に、相鉄グループ「デザインブランドアッププロジェクト」、熊本県「くまモン」、中川政七商店、久原本家「茅乃舎」、イオンリテール「HÓME CÓORDY」、東京ミッドタウン、オイシックス・ラ・大地「Oisix」、興和「TENERITA」「FLANDERS LINEN」、黒木本店、NTTドコモ「iD」、農林水産省CI、宇多田ヒカル「SINGLE COLLECTION VOL.2」、首都高速道路「東京スマートドライバー」など。ブランド「THE」の企画運営も手がける。The One Show金賞、D&AD銀賞、CLIO Awards銀賞、London International Awards金賞ほか受賞多数。著書に『「売る」から、「売れる」へ。水野学のブランディングデザイン講義』（誠文堂新光社）、『センスは知識からはじまる』『アウトプットのスイッチ』『アイデアの接着剤』（すべて朝日新聞出版）などがある。 http://gooddesigncompany.com/

いちばん大切なのに誰も教えてくれない段取りの教科書

2018年10月10日　第1刷発行
2018年10月23日　第2刷発行

著者 —————— 水野 学
発行所 —————— ダイヤモンド社
〒150-8409 東京都渋谷区神宮前6-12-17
http://www.diamond.co.jp/
電話／03･5778･7236（編集）　03･5778･7240（販売）

編集協力 —————— 青木由美子、竹村俊助（WORDS）
カバーイラスト —————— 荒牧 悠
装丁アートディレクション —— 井上喜美子（good design company）
装丁・本文デザイン —————— 宮原一誠（good design company）
本文DTP —————— 桜井 淳
校正 —————— 鷗来堂
製作進行 —————— ダイヤモンド・グラフィック社
印刷 —————— 勇進印刷（本文）・加藤文明社（カバー）
製本 —————— ブックアート
編集担当 —————— 和田史子

ISBN 978-4-478-10320-3